Armin Scheider

DIE SCHÖNSTEN AUSFLÜGE

DER SAUWETTERFÜHRER

25 Ziele für trübe Tage in München und Oberbayern

J. BERG

Inhalt

Eine Idee könnte der Besuch eines interessanten Museums sein, wie diese Gruppe am Eingang der Neuen Pinakothek in München es vorhat.

Ein anderer Vorschlag wäre ein Einkaufsbummel durch München (hier am Karlstor) – vorausgesetzt, es ist ein Werktag! Originellere Ideen kann man diesem Buch entnehmen.

Eine gute Idee wäre, in der Bavaria Filmstadt eine Stunt-Show mit Polizeieinsatz zu besuchen.

Die Szene am Marienplatz in München zeigt, worum es im Buch geht: Es herrscht Sauwetter, und an solchen Tagen sind gute Ideen gefragt.

Einführung

Es ist wieder mal einer jener deprimierenden Sonntage. Seit Stunden regnet es in Strömen, bleiern hängen dunkle Wolken am Himmel und tauchen das Land in tristes Grau. So wie es aussieht, ist eine Besserung vorerst nicht zu erwarten.

Auch für Kids gibts lohnende Tourenziele, z. B. den Hochseilgarten in Wolnzach, wo man, sicher am Seil befestigt, über Balken klettert.

Die Stimmung in der Familie ist diesem Szenario angepasst: Die Kinder nörgeln unaufhörlich und wollen beschäftigt werden, und auch die Eltern fühlen sich gedrängt, etwas zu unternehmen und den Sonntag nicht einfach sich selbst zu überlassen. Genau das ist der Moment, in dem gute Ideen Gold wert sind! Ideen, die trotz Sauwetters ein interessantes und nachhaltiges Erlebnis verheißen.

Autor und Verlag haben sich dieser Nöte vieler Menschen bei Wind und Wetter angenommen und fleißig Tipps und Vorschläge gesammelt, wie man einem grantigen Petrus ein Schnippchen schlagen könnte. Herausgekommen sind 25 Vorschläge für München und Oberbayern, quer durch die Bereiche Kultur, Sport und Freizeit. Dabei hat sich schnell herausgestellt, dass es tatsächlich nicht so leicht ist, originelle Ausflugsideen zu finden, wenn man einmal von den zahlreichen Hallenschwimmbädern und Museen absieht …

Denn diese Ideen müssen ein paar unerlässliche Bedingungen erfüllen: Sie sollen nicht nur kreativ, sondern auch spontan umsetzbar sein, möglichst jeden Tag, vor allem am Wochenende und ohne Voranmeldung. Da hilft eine noch so interessante Führung, die nur einmal in der Woche stattfindet (und zudem nur für angemeldete Teilnehmer) wenig, wenn die Regenfront an anderen Tagen übers Land zieht. Dennoch: Einige besonders attraktive Ausflugsziele, die nur an bestimmten Tagen in Frage kommen, schafften trotzdem den Sprung ins Buch.

Eine andere Bedingung betrifft die Lage der Ausflugsziele. Mit der Landeshauptstadt München als zentralem Ausgangspunkt für das gesamte Tourengebiet durften die Ziele nicht zu weit entfernt sein – denn wer ist schon trotz leerer Straßen und geringem Besucheraufkommen bereit, bei nassem Asphalt und schlechter Sicht eine stundenlange Autofahrt in Kauf zu nehmen, nur um vielleicht eine einstündige Besichtigung zu absolvieren? Aus diesen Überlegungen ergaben sich Inhalt und Aufbau des Buchs. Drei Schwerpunkte kennzeichnen die inhaltliche Ausrichtung: erstens die Besichtigung diverser Einrichtungen, wie z. B. einer Autofabrik oder Brauerei, zweitens die Rundgänge in Museen mit vorwiegend originellen und teils berühmten Sammlungen, und drittens die Sportaktivitäten, wie etwa Indoor-Kartfahren oder Hallenklettern.

Die einzigartige Porzellansammlung im Schloss Lustheim zeigt z. B. diese schöne Bouillonterrine mit Unterschale.

Der Aufbau des Buchs gliedert sich in zwei Hauptabschnitte: Im ersten werden Ausflugsvorschläge für das Stadtgebiet München und seine Randgemeinden präsentiert, und auch hier vor allem solche, die an möglichst vielen Tagen genutzt werden können. Der zusätzliche Vorteil hierbei: Die Einrichtungen sind zentral gelegen und ohne lange Fahrzeiten erreichbar, gegebenenfalls auch mit U- und S-Bahn. Der zweite Abschnitt umfasst Ausflugsziele im erweiterten, aber immer noch nahen oberbayrischen Raum – als lose Grenze gilt maximal eine Autostunde ab München.

Was die Recherchen zum Buch anbetrifft, wurden sie mithilfe des Internets (Websites der Gemeinden und Einrichtungen) und nach telefonischen Rücksprachen vorbereitet und dann persönlich vor Ort durchgeführt. Trotzdem: Unsere Zeit ist schnelllebig, ihr einzig beständiges Element ist die Veränderung. Deshalb unser Rat: Vergewissern Sie sich, ob wichtige Zeiten und Fakten noch stimmen, bevor Sie aufbrechen.

Verlag und Autor wünschen Ihnen trotz Sauwetters viele erlebnisreiche und aufheiternde Unternehmungen!

Ein lohnendes Ziel, nicht nur an Regentagen, ist der Lokschuppen in Rosenheim, wo regelmäßig attraktive Sonderausstellungen (hier »Gewürze«/2010) stattfinden.

Die alte Pinakothek (Mitte) und Pinakothek der Moderne (Säulenvorbau) in München

Ausflugsvorschläge in München und im stadtnahen Umland

1 Streifzug durch die tropische Pflanzenwelt

Kühle Bergwälder – heiße Wüsten

■ **Adresse:**
Botanischer Garten, Menzinger Str. 65, 80638 München
■ **Kontakt:**
Tel. 089/178 61-310, www.botmuc.de, info@botmuc.de
■ **Öffnungszeiten:**
Täglich geöffnet, Jan./Nov./Dez. 9–16.30, Feb./März/Okt. 9–17, Apr./Sept. 9–18, Mai–Aug. 9–19 Uhr; Gewächshäuser nachmittags je 30 Min. kürzer
■ **Anmeldung:**
Für Einzelpersonen nicht erforderlich
■ **Anfahrt:**
Mit dem Auto: 7 km ab München-Mitte; Ausfahrt ab Hauptbahnhof auf der Arnulf- bis zur Menzinger Straße (s. Kartenskizze). Mit den Öffentlichen: Tram 17 ab Stachus bis Botanischer Garten
■ **Karte:**
Stadtplan München
■ **Einkehr:**
Terrassen-Café-Restaurant im Botanischen Garten; Metzgerwirt (Nördl. Auffahrtsallee 69, Nähe Botanischer Garten) mit Biergarten

Der Botanische Garten in München zählt nach eigenen Angaben zu den bedeutendsten weltweit. Rund 14 000 Pflanzenarten sind hier zu Hause und ziehen alljährlich ca. 400 000 Besucher an. Zudem ermöglichen 15 Schaugewächshäuser eine »botanische Reise in feuchttropische Gebiete, kühltropische Bergwälder oder heiße Wüsten« – auch bei Regen!

Oben: Blick von den Außenanlagen des Botanischen Gartens auf das zentrale Institutsgebäude mit dem sogenannten Schmuckhof.

Entstehung der Anlage

Anfang des 19. Jahrhunderts war München noch eine überschaubare Stadt mit unverbauten Außenbezirken. Deshalb konnte man es sich auch leisten, nahe dem Karlsplatz einen Botanischen Garten anzulegen. Doch im Laufe des Jahrhunderts musste der Garten immer mehr Flächen abtreten und war schließlich nicht mehr lebensfähig. Der heutige »Alte Botanische Garten« an der Luisenstraße ist der Rest dieser alten Anlage. So kam es, dass man 1914 den Botanischen Garten außerhalb der Stadt in Nymphenburg neu anlegte; das Schloss Nymphenburg in unmittelbarer Nachbarschaft stand dort bereits seit 250 Jahren. Heute liegt der Botanische Garten wieder innerhalb der Stadtgrenzen und gehört seit 1966 zu den Staatlichen Naturwissenschaftlichen Sammlungen Bayerns.

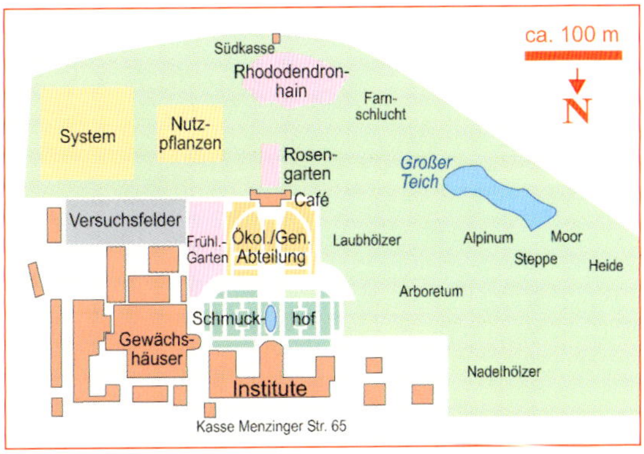

In den Schaugewächshäusern Seine Farbenpracht entfaltet der Botanische Garten vor allem in der Blütezeit und bei Sonnenschein. Regnet es hingegen, sind vor allem die gläsernen Schaugewächshäuser gefragt. Zwölf sind es an der Zahl, zuzüglich der Hallen A, B und C (s. Karte). Von der Kasse aus gelangt man ins Kakteenhaus in Halle A. Dort werden vor allem trockenheitsbeständige Kakteen und Agaven aus Amerika gezeigt. Dahinter schließt das kuppelüberdachte Palmenhaus (Halle B) an, wo man sich im Gewirr von Palmen und Aronstabgewächsen wie in einem Urwald fühlt. Die Halle C am Ende dieser Häuserflucht hat Ähnlichkeit mit den Pflanzenkulturen in Halle A, repräsentiert jedoch andere Familien: Die kakteenartigen Wolfsmilchgewächse und Aloen stammen aus Afrika und Madagaskar.

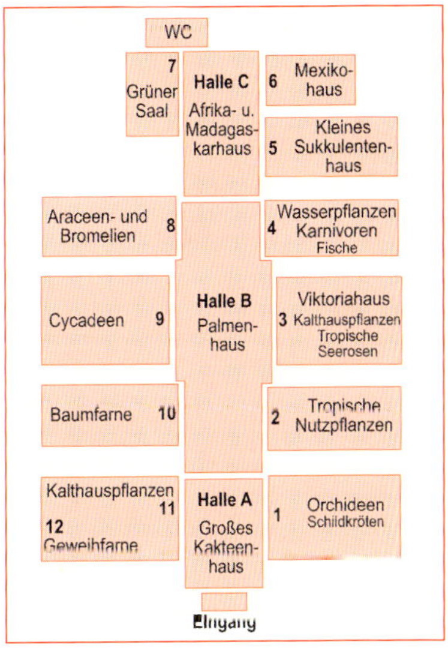

Das Café-Restaurant im Botanischen Garten wirkt wie ein kleines Lustschlösschen, umgeben von üppigen Blumen- und Strauchkulturen.

Beiderseits der drei Hallen reihen sich kleinere Gewächshäuser aneinander: Rechts macht das Orchideenhaus mit einer Schau wunderschöner tropischer Exemplare den Anfang, umrahmt vom Aufmarsch kleiner, neugieriger Gelb- und Rotwangenschildkröten und untermalt vom lauten Gequake tropischer Baumsteigerfrösche. Dann folgt das Nutzpflanzenhaus mit Pflanzenarten aus verschiedenen Erdteilen (z. B. Bananen, Kakao), und daran schließt sich das Viktoriahaus an, das im Sommer blühende Kletterpflanzen und vor allem tropische Seerosenkulturen präsentiert. Haus Nr. 4 widmet sich Wasserpflanzen und sogenannten Carnivoren, also fleischfressenden Pflanzen. Im Haus Nr. 5 sind kleinwüchsige und halbgroße Sukkulenten beheimatet, das sind Saftpflanzen (u. a. Aloen), die über lange Zeit Feuchtigkeit in ihren Geweben speichern können. Im Mexikohaus schließlich dominieren erneut diverse Kakteenarten aus Mexiko und dem übrigen amerikanischen Kontinent.

Auf der Nordseite der drei Hallen liegt gegenüber dem Mexikohaus der Grüne Saal, der Sonderausstellungen vorbehalten bleibt. Richtung Eingang folgen Haus Nr. 8 mit Bromelien- (auch Ananasgewächse genannt), Ingwer- und Aronstabgewächsen, das Cycadeenhaus mit »urweltlich anmutenden« Palmfarnen sowie Haus Nr. 10 mit Baumfarnen und insbesondere Begonien mit den unterschiedlichsten Blättern sowie Gesnerien. Den Schluss der Seitenhäuser bildet Haus Nr. 11 mit Kalthaus- bzw. Zierpflanzen (im Sommer sind es Zier-, im Winter Kalthauspflanzen), das im selben Haus die Abteilung Nr. 12 beherbergt, ein Warmhaus mit Geweihfarnen.

Ein Blick auf den Außenbereich Zum Garten gehören neben den Hallen auch umfangreiche Außenanlagen, die man sich für einen schönen Frühlings- oder Sommertag aufheben sollte. An den Ins-

Von links nach rechts: Wunderschöne Seerose, von der sogar ein Frosch fasziniert ist.

Diese weiß und purpur blühende Orchidee ist an der brasilianischen Küste bei Rio de Janeiro beheimatet.

Mit zwei attraktiven weißen Blüten schmückt sich dieser Kaktus aus Argentinien.

Der Name dieser in Orange und Blau leuchtenden Blüte ist Strelitzia. Sie gehört zur Gattung Südafrikanischer Vogelblumen.

Im sonnigen Frühjahr ist ein Gang durch den blühenden Rhododendron-Hain des Botanischen Gartens ein faszinierendes Erlebnis.

titutsbau direkt an der Menzinger Straße schließt der Schmuckhof an, in dessen Zentrum zwei große Beete und ein Seerosenbecken angelegt sind. In gerader Linie folgt die Ökologisch-biologische Abteilung bis hin zur Terrasse mit dem Café-Restaurant, hinter dem sich wiederum der Rosengarten mit diversen Züchtungen und verführerischen Düften erstreckt. Er leitet über zum Rhododendronhain mit seinen über 200 Sorten, die ab Mai ihre Blütenpracht entfalten. Östlich davon liegen ein Nutzpflanzenareal sowie das Areal, in dem 1600 Pflanzenarten nach ihrer Verwandtschaft geordnet sind. Erwähnenswert ist auch der Frühlingsgarten, in dem frühblühende Pflanzen schon im März/April mit ihren prächtigen Farben das Auge erfreuen. Auch die Gewächse im Alpinenhaus daneben stehen Ende April in voller Blüte.
Nach Westen hin schließt eine unbebaute Freifläche an, die für verschiedene botanische Kulturen und Themen genutzt wird. Beispiele sind das Arboretum (Sammlung von Gehölzen aus aller Welt, darunter eine Reihe alter Baumgiganten), Moor und Heidegarten sowie das Alpinum, das Alpenpflanzen aus der ganzen Welt zeigt, die im Juni auf üppige Weise blühen.

2 Tauchgang bis in die Tiefen des Ozeans

Aquarium der Superlative

Das SEA LIFE München, ein riesiges Aquarium, zeigt in 35 naturgetreu angelegten Becken die Unterwasser-Tierwelt: Vom einheimischen Isar-Fisch über Muräne oder Rochen des Mittelmeers bis zu den Haien und der Schildkröte in tropischen Gewässern – der Besuch gleicht einer faszinierenden Unterwasserreise!

Adresse:
SEA LIFE München, Willi-Daume-Platz 1 (Olympiapark), 80809 München
Kontakt:
Tel. 01805/66 69 01 01, www.sealife.de, muenchen@sealife.de
Öffnungszeiten:
April–Sept. täglich 10–19, Okt. Mo–Fr 10–18, Sa/So/Fei 10–19 Uhr; Nov.–März Mo–Fr 10–17, Sa/So/Fei 10–19 Uhr; letzter Einlass immer 1 Std. vorher
Anmeldung:
Nur für Gruppen erforderlich (unter o. a. Telefonnummer)
Anfahrt:
Mit dem Auto: 7 km ab München-Mitte; Brienner-, Schleißheimer-, Lerchenauerstr., Spiridon-Louis-Ring. Mit den Öffentlichen: U 3 bis Olympiazentrum, dann noch 5 Min. Fußweg
Karte:
Stadtplan München
Einkehr:
Restaurant am Olympiasee mit Biergarten/Terrasse

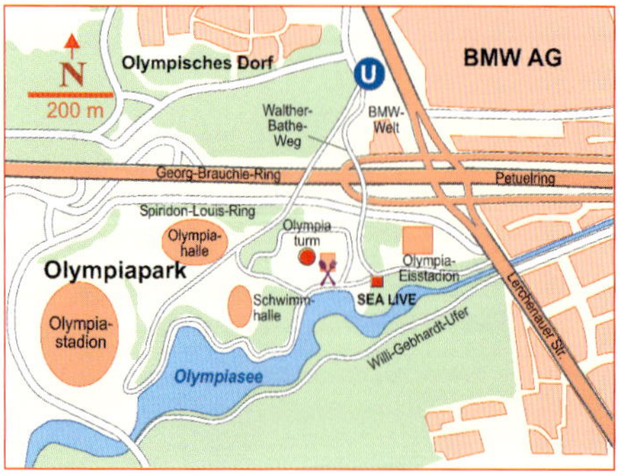

Aquarium der Superlative 27 SEA-LIFE-Aquarien werden derzeit in Europa betrieben, davon acht in Deutschland. Alle beeindrucken sie mit Superlativen, und alle sind von einer zweifachen Zielsetzung getragen: Den Besucher anspruchsvoll zu unterhalten, ihn aber auch für die Schutzwürdigkeit der Ökosysteme zu sensibilisieren. Das SEA LIFE München, im April 2006 eröffnet, besitzt auf einer Nutzfläche von 2200 Quadratmetern 35 aufwändig gestaltete Becken mit 700 000 Litern Wasser. Sie repräsentieren diverse Lebensräume im Wasser, von Flüssen wie Isar und Donau bis hin zum Schwarzen Meer und weiter über das Mittelmeer zum tropischen Riff im Ozean. 8000 Tiere aus 150 Arten bevölkern die Becken, von denen das Ozeanbecken, im

Acrylglastunnel begehbar, mit 400 000 Litern Wasser und sechs Metern Tiefe die Top-Attraktion ist.

Höhepunkte im SEA LIFE 13 verschiedene Themenbereiche umfasst der Rundgang. Er beginnt mit einem Flussszenario, lädt unterwegs ein zum Erlebniskino und passiert zahlreiche kleinere Aquarien, eines schöner als das andere, und alle bewohnt von farbenprachtigen, exotischen Meerestieren. Als besondere Höhepunkte erweisen sich ein Hafen und ein Schiffswrack im »Mittelmeer« sowie eine versunkenen Stadt im »Tropischen Ozean«.

In diesem letzten Becken treten dann die Protagonisten von SEA LIFE auf: die eleganten Schwarzspitzenriffhaie und die grüne Meeresschildkröte, die beide nur einen Meter vom Besucher entfernt majestätisch vorbeiziehen, um wieder in den Tiefen des Ozeans zu verschwinden.

Oben: Farbenpracht in tropischen Gewässern: ein Clownfisch in einer Anemone

Linke Seite: Ein eleganter Schwarzspitzenhai zieht im Becken seine Runden.

Unten links: Im tropischen Becken tummeln sich exotische Meeresbewohner in farbenfrohen Musterungen.

Unten rechts: Ein hübsches Seepferdchen macht seine Aufwartung.

3 Streicheleinheiten für Hund, Katze & Co.

Zu Besuch bei einsamen Tieren

■ **Adresse:**
Tierschutzverein München, Riemer Str. 270, 81829 München
■ **Kontakt:**
Tel. 089/92 10 00-0, www.tierheim-muenchen.com, info@tierheim-muenchen.com
■ **Besuchszeiten:**
Mi–So 13–16 Uhr, Mo/Di/Fei geschlossen
■ **Anmeldung:**
Innerhalb der Besuchszeiten nicht erforderlich; Rundgänge in der Anlage möglich (s. Karte)
■ **Anfahrt:**
Mit dem Auto: 8 km ab München-Mitte; A 94 bis AS München-Daglfing, dort 300 m nach Norden zur Riemer Straße (s. Karte).
Mit den Öffentlichen: S2 bis Riem, von dort ca. 1 km Fußweg
■ **Karte:**
Stadtplan München
■ **Einkehr:**
Hotel-Restaurant Prinzregent (Riemer Str. 350, ca. 1 km vom Tierheim) mit Terrasse und Biergarten

Alte, kranke, gequälte oder verstoßene Tiere, alle miteinander bedauernswerte Geschöpfe, versammeln sich in München vor allem an einem Ort: im Tierheim an der Riemer Straße. Ein Besuch dort ist allemal eine gute Tat. Die Tiere spüren Ihr Interesse und Mitgefühl und danken es auf ihre Art.

Plädoyer für Tiere Der Umgang mit Tieren sollte möglichst ausgewogen sein, übermäßige Gefühlsregungen sind dabei ebenso bedenklich wie Ignoranz oder Ablehnung. Ein gesundes Verhältnis zum Tier setzt voraus, dass man es als wichtigen Part unserer Schöpfung anerkennt. Auch wenn Tiere in der Rangordnung unter dem Menschen stehen, sind sie für unser Leben unverzichtbar. Man denke nur an die Suchhunde bei Lawinenabgängen oder nach Erdbeben und an die wertvollen Dienste, die sie bei Transport und Fortbewegung in unwegsamen Regionen der Erde leisten. Unersetzliche Helfer sind sie aber auch als Partner vereinsamter oder schwer kranker Menschen, ganz zu schweigen von der millionenfachen Freude, die sie als Haustiere mit ihrer sprichwörtlichen Treue und Anhänglichkeit in die Familien tragen.

Was will uns der Blick dieses Hundes sagen? Wird er ein neues Zuhause finden?

Mongolische Wüstenrennmäuse fühlen sich im Familienverband sehr wohl.

Unsere Fürsorge darf jedoch nicht bei den Haus- und Nutztieren enden. Bekannt ist ja, dass zahlreiche Tierarten auf dieser Erde akut vom Aussterben bedroht sind. Hier sollten wir wo immer möglich – unsere Stimme erheben und besseren Tierschutz einfordern. Auch regelmäßige Spenden helfen den Tierheimen und internationalen Schutzprojekten. Berthold Auerbach, ein deutscher Schriftsteller des 19. Jahrhunderts, hat die Sache auf den Punkt gebracht: »Der untrüglichste Gradmesser für die Herzensbildung eines Volkes und eines Menschen ist, wie sie Tiere betrachten und behandeln.«

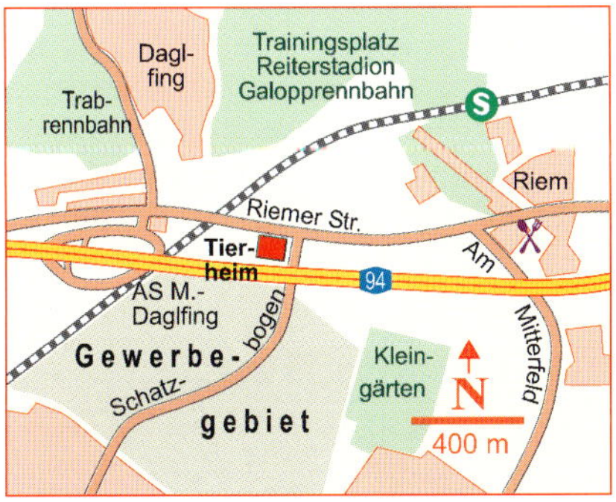

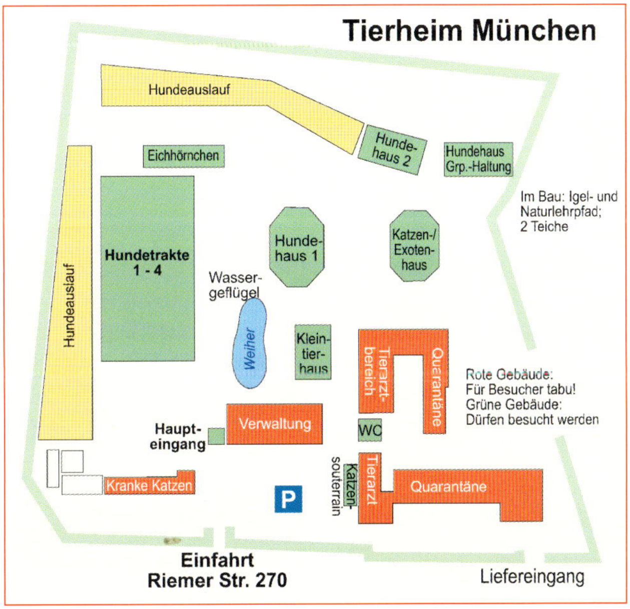

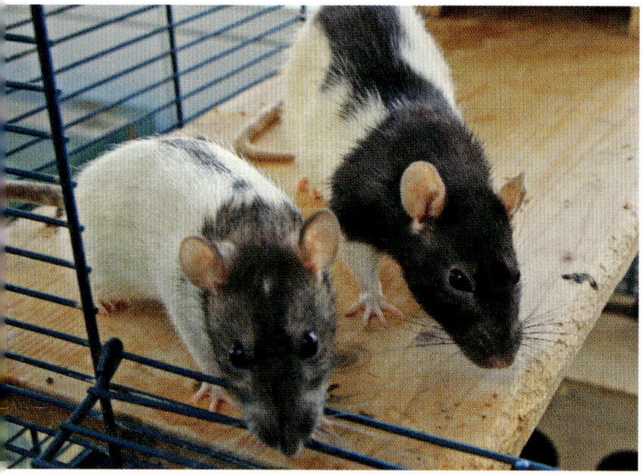

Kleine anrührende Bilderfolge aus dem Tierheim München: o. li. ein Kaninchenpaar, o. re. ein exotisch schillernder Papagei, u. li. ein neugieriges Pärchen von Farbratten; u. re. hat die Katze eine Beute erspäht.

Über das Tierheim München Träger und Betreiber des einzigen Münchner Tierheims ist der Tierschutzverein München e. V., der auch die kommunalen hoheitlichen Tierschutzaufgaben der Stadt München wahrnimmt. Um die 9000 Tiere sind es, die alljährlich im Tierheim landen und weiter vermittelt werden. Der feste Stamm an Heimbewohnern umfasst ungefähr 700 Tiere. Das alles kostet rund fünf Millionen Euro im Jahr, die ausschließlich durch Spenden aufgebracht werden müssen. Betreut werden die Tiere von Pflegern und Tierärzten, sodass nur gesunde und verhaltensunauffällige Tiere an Interessenten abgegeben werden.

Besucher des Tierheims sollten sich darauf einstellen, dass vor allem die Tierbehausungen keine Luxusunterkünfte sind. Das ist auch nicht Sinn der Sache und schon gar nicht bezahlbar. Vielmehr kommt es darauf an, herrenlosen oder geschundenen Tieren für eine Übergangszeit eine Bleibe zu verschaffen, sie zu verköstigen, ärztlich zu überwachen und durch Pflegepersonal zu betreuen. Das ist allemal besser, als wenn sie in freier Wildbahn kläglich zugrundegehen müssten.

Bei Hund, Katze & Co. Wie der Lageplan des Heims zeigt, dient die Mehrzahl der Häuser der Unterbringung von Hunden, Katzen und Kleintieren; ein Rundgang durch die Anlage ist auch durch

diese Schwerpunkte gekennzeichnet. Tabu für Besucher sind die Tierarztbereiche sowie die Quarantäne- und Krankenstationen.
Ein Besuch bei den Hunden ist eine lautstarke Sache. Die meisten bellen unentwegt, schließlich wollen sie ihr Revier verteidigen. Sie leben in Zwingern, in denen Decken, Körbe und Fressnäpfe die Grundbedürfnisse befriedigen. Durch eine kleine Türe können sie nach draußen gelangen. Manche der Hunde aber sind stumm, ihr trauriger Blick sagt vieles aus, einige vollführen auch ein freundliches Tänzlein im Glauben, dass sie endlich abgeholt werden. Tierfreunde nutzen die Gelegenheit, mit den Hunden Gassi zu gehen, was an allen Vormittagen und am Montag und Dienstag auch nachmittags vom Tierheim angeboten wird.
Wesentlich ruhiger geht es da bei den Katzen zu, die im Katzen- und Exotenhaus wohnen. Im Erdgeschoss hausen die etwas verwilderten und scheueren Vertreter dieser Rasse, wohingegen im Obergeschoss die freundlicheren Exemplare residieren; sie warten auf ein neues Zuhause. Auch bei den Katzen ist nicht jede gleich: Die Verhaltensweisen reichen von extrem scheu über verängstigt und vorsichtig bis hin zu spontaner Zutraulichkeit, manchmal durch zufriedenes Schnurren bekundet. Nachbarn im selben Haus sind die Affen. Streicheleinheiten sind hier unerwünscht und auch gar nicht möglich, da die Affen mit Vorliebe in unerreichbaren Höhen turnen.
Bleiben also noch die Kleintiere wie Kaninchen, Hamster, Meerschweinchen oder Vögel. Sie wohnen in einem eigenen Haus mit kleinen Freigehegen und können ebenfalls besucht, manche sogar gestreichelt und auf den Arm genommen werden. Am neu angelegten Teich in der Mitte der Anlage tummeln sich Hühner, Gänse, Enten und sonstige Wasservögel und vermitteln dem Beobachter den Eindruck, dass sie sich in ihrer Umgebung ausgesprochen wohlfühlen.

Vorsichtig und mit einer gesunden Portion Misstrauen tritt diese Katze den Besuchern gegenüber, genießt aber dann doch die Streicheleinheiten.

4 Besuch im Münchner Marionettentheater

Theaterluft schnuppern

■ Adresse:
Münchner Marionettentheater, Blumenstr. 32, 80331 München
■ Kontakt:
Tel. 089/26 57 12, www.muenchner-marionetten-theater.de, muenchner-marionettentheater@t-online.de
■ Öffnungszeiten:
Mi, Fr, Sa/So 15 Uhr (jeweils Kindervorstellung), Sa auch 20 Uhr
■ Anmeldung:
Für Einzelpersonen nicht erforderlich
■ Anfahrt:
Mit dem Auto nicht empfehlenswert, da akuter Parkplatzmangel (s. Kartenskizze).
Mit den Öffentlichen: U1, 2, 3 und 6 sowie Tram 16, 17, 18 und 27 bis Sendlinger Tor, von dort gut 5 Min. Fußweg
■ Karte:
Stadtplan München
■ Einkehr:
Gasthof Zum Straubinger (Blumenstr. 57/Nähe Sendlinger Tor) mit Biergarten; Woerner's Caféhaus (Herzog-Wilhelm-Str. 29) mit Straßenterrasse

Früher derbes Kasperltheater, heute eine moderne Kunstform: das Puppentheater. Nicht mehr Kasperl Larifari dominiert das Programm, sondern ein anspruchsvolles Figurenspiel, von pädagogisch wertvollen Kinderstücken bis hin zu glanzvollen Mozart-Opern. Ein Erlebnis – nicht nur für Kinder.

Oben: Bühnenszene aus »Nussknacker und Mausekönig«, nach einer Geschichte von E. T. A. Hoffmann, die für das Marionettentheater umgeschrieben wurde.

Geschichte des Marionettentheaters Zwei Männer waren es, die das Münchner Marionettentheater ins Leben riefen: Die Gründungsidee hatte ein gewisser Josef Schmid – später »Papa Schmid« genannt –, Franz Graf Pocci, Künstler und Erfinder der Kasperlfigur, forcierte das Vorhaben nicht nur organisatorisch, sondern malte auch Kulissen und entwarf den ersten Bühnenvorhang. 1858 war dann Premiere, und 42 Jahre lang spielte das Theater in wechselnden Häusern, immer mit großem Erfolg, zu dem Graf Pocci mit über 40 Kasperlstücken maßgeblich beigetragen hatte. 1900 endlich ließ die Stadt München dem Theater ein eigenes Domizil errichten.

Nach wechselvollem Verlauf im 20. Jahrhundert und einer Generalsanierung übernahm im Jahr 2000, zum 100. Jubiläum des Theaters, Siegfried Böhmke die Intendanz. Seine erklärte Absicht war und ist es, das Theater aufzuwerten, und zwar in puncto

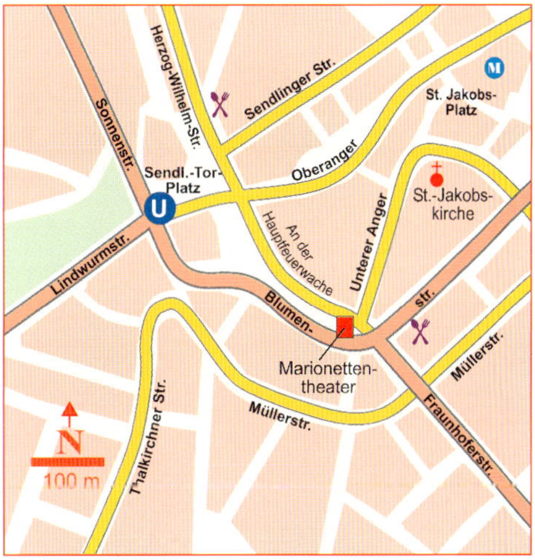

Das Marionettentheater steht an der Ecke Blumenstraße/Unterer Anger und besitzt einen säulengeschmückten Eingang.

Spielformen, Inszenierungen und Bühnentechnik. Oberstes Ziel dabei: »das Haus in der Öffentlichkeit wieder stärker präsent zu machen«.

Theaterluft schnuppern Von Mittwoch bis Sonntag gehören die Nachmittage ab 15 Uhr den Kindern. Dann treten bezaubernde Figuren auf, wie die kleine Hexe, die kleine Maus und der kleine Bär, aber auch das Däumelinchen, der Riese Tunichtgut und Felix Spürnase, der kleine Detektiv. Einige der Stücke hat Siegfried Böhmke selbst geschrieben. An den Samstagen findet auch eine Abendvorstellung statt, dann für Jugendliche und Erwachsene.

Die Stücke lesen sich wie das Programm der Bayerischen Staatsoper: »Die Zauberflöte« und »Don Giovanni« von Mozart, »Hoffmanns Erzählungen« von Offenbach sowie Opern, eine Kantate und mehrere Stücke von Carl Orff, dem sich das Marionettentheater besonders verbunden fühlt (die Beispiele entstammen dem Spielprogramm 2010).

Nachdem die Kids begrüßt und Geburtstagskinder beglückwünscht wurden, heißt es: Licht aus, Spot an! Das Spiel beginnt. Ein Spiel Gut gegen Böse, um Freundschaft und Liebe! Atemlose Stille herrscht, wenn brenzlige Situationen zu meistern sind, befreiendes Lachen folgt, wenn der Bösewicht kaltgestellt ist. Im Übrigen bemüht sich die Regie sehr um die Kinder: Sie werden nicht nur in das Spiel mit einbezogen, sondern auch vor Überforderung geschützt, indem in kurzen Abständen Spielpausen eingelegt werden. Am Ende, wenn das Gute obsiegt hat, fällt der Vorhang, und Beifall brandet auf.

Auftritt des Kleinen Bären mit seinem besten Freund, dem Lämmlein, mit dem er bei einer Schatzsuche spannende Abenteuer erlebt.

5 Faszination Film – ein Blick hinter die Kulissen

Mit Stunt-Show und 4D-Erlebniskino

■ **Adresse:**
Bavaria Filmstadt, Bavariafilmplatz 7, 82031 Grünwald
■ **Kontakt:**
Tel. 089/64 99 20 00, www.filmstadt.de, filmstadt@bavaria-film.de
Führungen:
Siehe Textabschnitt »Besuchsorganisation«
■ **Anmeldung:**
Für Einzelpersonen nicht erforderlich
■ **Anfahrt:**
Mit dem Auto: 10 km ab München-Mitte; vom Mittleren Ring in Giesing auf Grünwalder und Geiselgasteigstraße nach Süden bis zur Filmstadt (Schilder beachten).
Mit den Öffentlichen: Tram 25 ab Max-Weber- bis Bavariafilmplatz
■ **Karte:**
Stadtplan München
■ **Einkehr:**
In der Filmstadt: McDonald's Restaurant. In Grünwald: Grünwalder Einkehr (Nördliche Münchner Str. 2) mit Biergarten, Mo Ruhetag

Rechte Seite unten: Der liebenswerte Sekretär Faltlhauser tritt auf wie ein »Gschaftlhuber« und modériert in lustiger Weise Lissis wilde Kaiserfahrt in die Tiefe.

Der Gang durch die Bavaria Filmstadt in München gehört zu den besonderen Freizeiterlebnissen. Drei Programmpunkte werden angeboten: Die Führung bringt Sie zu den originalen Drehorten bekannter Filme und TV-Serien, die Stunt-Show zeigt waghalsige Aktionen in natura, und das 4D-Erlebniskino macht Sie mit dem Kino der Zukunft bekannt.

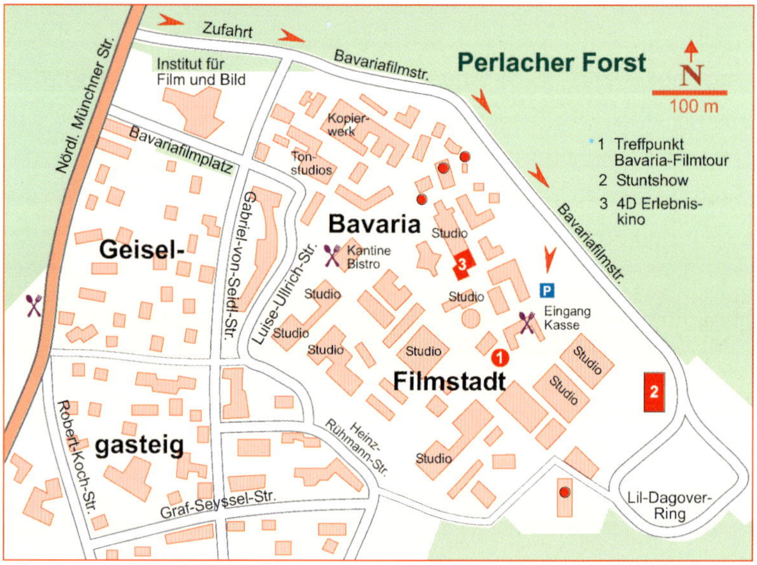

Besucherhinweise Wer die Bavaria Filmstadt besucht, sollte sich bewusst machen, dass die Filmgruppe auf dem ausgedehnten Areal (300 000 m²) zu den »größten und erfolgreichsten Filmproduzenten in Europa« gehört und im Schnitt jährlich bis zu 500 000 Besucher verzeichnen kann. Jahr für Jahr werden Filme und TV-Sendungen mit 600 bis 700 Stunden Laufzeit produziert. Das Studiogelände ist also alles andere als ein Museum, vielmehr ist es ein hocheffizientes Unternehmen, in dem nahezu täglich aktuelle Dreharbeiten stattfinden. Beim Rundgang kann man dann auch mit etwas Glück unvermittelt einem prominenten Schauspieler begegnen.

Wissen muss man auch, dass die Bavaria Filmstadt für Besucher drei Führungsschwerpunkte anbietet, die einzeln oder auch kombiniert gebucht werden können: eine Filmstadtführung, eine Stunt-Show und das 4D-Erlebniskino. Unterschieden wird bei den Führungszeiten zwischen einer Hauptsaison (Ende März bis Anfang November) und einer Nebensaison (Anfang November bis

Treffpunkt für Besucher auf dem Gelände der Filmstadt; von dort geht es zu den Starts der Führungen.

Führungszeiten und Eintrittspreise

(Stand Januar 2010)

Filmstadtführung In der Hauptsaison täglich von 9–16 Uhr mehrmals stündlich, Dauer 1.30 Std. Letzte Führung 16 Uhr. Nebensaison täglich 10–15 Uhr zur vollen Stunde, letztmals 15 Uhr.

Das Ticket für Erwachsene kostet 11, für Kinder von 6–14 Jahre 8 Euro; Ermäßigungen für Gruppen, Senioren und Behinderte sowie Schulklassen und Familien, Letztere zahlen für die Führung 34 und für eine Kombikarte 67 Euro.

Stunt-Show: Vorstellungen in der Nebensaison nur vereinzelt, in der Hauptsaison ein-, zwei- oder dreimal täglich, und zwar um 12 und/oder 13.30 und um 15 Uhr. Von März bis Juni und September bis Oktober überwiegen Tage mit einer oder zwei Shows, im Juli/August sind es drei pro Tag. Die Show dauert rund 45 Min. Der Eintritt kostet pro Person einheitlich 9 Euro.

4D-Erlebniskino: Angeboten werden in der Hauptsaison Vorstellungen täglich von 9–17, im Winter von 10–16 Uhr. Dauer der Vorstellung ca. 15 Min. Das Ticket kostet einheitlich 5 Euro.

Einer der Höhepunkte der Stunt-Show: Eine Stuntwoman tritt als lebende Fackel auf.

Anfang März). Im Monat März finden normalerweise keine Führungen statt (weitere Einzelheiten s. Kasten). Die Reihenfolge der drei Führungsschwerpunkte wie auch der Stationen innerhalb der Filmstadtführung kann variieren, wenn starker Besucherandrang herrscht oder aktuelle Dreharbeiten laufen. Reihenfolge und Treffpunkte der einzelnen Führungen erfährt man beim Kauf des Tickets an der Kasse.

Filmstadtführung Angefangen hat alles 1981. Weil es einfach zu schade war, das Metallgehäuse der Erfolgsproduktion »Das Boot« von Wolfgang Petersen zu entsorgen, kamen findige Leute auf die Idee, es zur Besucherattraktion umzufunktionieren. Hinzu kam noch der originale Drehort der Berliner Straße aus dem Film »Das Schlangenei«, und schon war die Filmtour geboren. Bei diesen beiden Attraktionen blieb es freilich nicht, und im Lauf der Jahre wurden immer wieder neue Produktionsstätten in die Tour mit einbezogen. Heute gehört zur Filmtour eine stattliche Anzahl originaler Drehorte, an denen berühmte Filme und TV-Serien entstanden (s. Kasten).

Beklemmende Enge im Maschinenraum des U-Boot-Modells mit verwirrender Zahl von Stellrädern und Messanzeigen.

Hier einige Beispiele: Weltweite Berühmtheit erlangte der Film »Das Boot« von Wolfgang Petersen, in dem die Feindfahrt eines deutschen U-Boots im Zweiten Weltkrieg geschildert wird. Der Besucher durchläuft bei der Führung das 55 Meter lange und extrem enge Innenmodell und kann die Dramatik eines U-Boot-Einsatzes unmittelbar nachempfinden. Auf rund 1000 Folgen hat es die romantische Telenovela »Sturm der Liebe« inzwischen gebracht, und wohl jeder kennt die Rezeption des Hotels Fürstenhof mit dem Empfangschef Alfons Sonnbichler. Bei der Führung nimmt dessen Stelle ein Besucher ein und wird so für einige Minuten zum Fernsehstar. Allen bekannt ist sicher auch der preisgekrönte Fantasyfilm »Die unendliche Geschichte« nach der Vorlage von Michael Ende: Der kleine Bastian reitet auf dem Glücksdrachen Fuchur und rettet die Kindeskaiserin des Landes.

Alle interessanten Einzelheiten zu den Filmen, wie Inhalte, Mitwirkende und Drehorte, erfährt der Besucher vom Führer durch die Filmstadt, der auch manche Episode beitragen kann.

Die »Hugin«, das stolze Wikingerschiff von Wickie und seinen starken Männern, ist 16 m lang, 13 t schwer und ohne Einschränkung fahrtüchtig.

Stunt-Show und 4D-Erlebniskino

Ein Erlebnis der besonderer Art ist die Stunt-Show. Wir alle erinnern uns an nervenzerreißende Action-Szenen aus Filmen, beispielsweise Verfolgungsjagden, Abstürze, Explosionen oder Schlägereien, vergessen aber oft, dass es nicht die Schauspieler sind, die hier Kopf und Kragen riskieren, sondern Stuntmen oder -women, die für Schauspieler in die Bresche springen. Solche Doubles zeigen den Besuchern ihr ganzes Können und geben Einblick in ihren Filmalltag. Seit 2004 läuft diese trickreiche Show in einer Halle ab, Schauplatz ist ein Straßenzug in Brooklyn/New York.

Wenn Sie wissen möchten, wie das Kino der Zukunft aussieht, besuchen Sie das 4D-Erlebniskino. Dort bewegen sich nicht nur die Sitze hydraulisch, sondern Sie erleben auch eine computergesteuerte Multimediashow in brillanter 3D-Bildqualität und allumfassendem Quadrosound, alles präzise aufeinander abgestimmt. Bei »Lissi und die wilde Kaiserfahrt« geht es in rasender Geschwindigkeit durch Eiskanäle, Höhlen und Schluchten und hinweg über Steilhänge und Brücken in schauerliche Tiefen. Und mit der 3D-Brille sitzt der Zuschauer mitten im Geschehen, das durch die ruckartigen Bewegungen der Sitze noch an Realität gewinnt. Nichts für schwache Nerven und schon gar nichts für Kleinkinder!

Wichtige Stationen der Filmstadtführung

- »(T)Raumschiff Surprise – Periode 1«, Science-Fiction-Parodie
- »DWK5 – Die Wilden Kerle: Hinter dem Horizont«; »In der Welt des Schattenreichs«
- »Das Boot«; Innenmodell des deutschen Film-U-Boots auf Feindfahrt
- »Der Baader-Meinhof-Komplex«; Originalkulisse aus der Justizvollzugsanstalt Stuttgart-Stammheim
- »Die Unendliche Geschichte«, Fantasyfilm mit dem Glücksdrachen Fuchur
- »Asterix & Obelix gegen Caesar«, unbeugsame Gallier gegen römischen Steuereintreiber
- »Sturm der Liebe«, romantische Story im Hotel Fürstenhof
- »Marienhof« und Münchner Straße mit Außenkulissen
- »Wickie und die starken Männer«, im Wikingerdorf Flake

6 Body & Soul in Brunnthal

Fitness und Relaxen vom Feinsten

■ **Adresse:**
Body & Soul, Eugen-Sänger-Ring 5, 85469 Brunnthal-Nord
■ **Kontakt:**
Tel. 089/18 93 13 50, www.bodyandsoulag.de, info@bodyandsoul.ag
■ **Öffnungszeiten:**
Mo–Fr 6–24 Uhr, Sa/So/Fei 9–22 Uhr
■ **Anmeldung:**
Eine Tageskarte kann an der Kasse ohne vorherige Anmeldung erworben werden.
■ **Anfahrt:**
Mit dem Auto: 15 km ab München-Mitte; A 8 bis AS Taufkirchen Ost, dann auf der B 471 ca. 1 km nach Osten und rechts ins Gewerbegebiet (s. Karte).
Mit den Öffentlichen: S3 bis Taufkirchen, weiter mit Bus 222 bis Haltestelle »Ikea«
■ **Karte:**
Marco Polo 1:200 000, Bayern Süd
■ **Einkehr:**
Im Gewerbegebiet Brunnthal-Nord: Italienisches Restaurant »Oggi« (Eugen-Sänger-Ring 6a, ca. 100 m von Body & Soul), So Ruhetag

Body & Soul-Studios in München sind echte Trendsetter – ein Besuch im Studio Brunnthal beweist es: lichtdurchflutete Räume mit angenehmer Atmosphäre, ein riesiger Hightech-Gerätepark, alles blitzsauber und von freundlichem Personal betreut. Mit einer Tageskarte dürfen Sie gern mal hineinschnuppern.

Ausstattung und Programm in Bunnthal Sieben Niederlassungen besitzt das Münchner Unternehmen Body & Soul in der Landeshauptstadt und im stadtnahen Umland (Stand 2010); sie werden zu den schönsten und modernsten Studios in Deutschland gezählt. Die jüngste Anlage in Brunnthal-Nord wurde im März 2009 eröffnet. Wie alle anderen brilliert auch sie mit einer Top-Ausstattung: 5000 Quadratmeter nutzbare Fläche auf drei Ebenen, über 200 modernste Technogymgeräte, die Trainingsdaten speichern und TV/Radio-Anschluss besitzen, dazu ein fast 500 Quadratmeter großer Wellnessbereich mit diversen Saunen und einem 25-Meter-Sportpool. An einer elf Meter hohen Kletterwand kann

man erste Kraxelversuche unternehmen.

Das Programm in Brunnthal ist vielfältig: Über 120 Kurse pro Woche lassen keine Wünsche offen. Die Hauptübungsgruppen sind dabei: Cycling (diverse Bikeübungen), Workout (Muskeltraining), Choreografie (Tanzübungen), Aqua (Wassergymnastik), Outdoor (Biken, Walking), Indoor (Klettern), Kids (Kindergymnastik) sowie Body & Mind (Entspannungsmethoden)

Oben: Sauberkeit und Ordnung im Saal für Ausdauertraining, mit diversen Geräten auf neuestem technischem Stand.

Linke Seite: Blick auf das Gebäude von Body & Soul in Brunnthal-Nord. Die großen Fensterfronten lassen viel Licht in die Innenräume.

Unten: Nach harten Trainingsrunden ein Ort der Entspannung und Erholung: der 25-m-Pool mit verlockender Wasserfläche.

Neben diesen Aktivitäten, die von qualifizierten Übungsleitern und hilfsbereitem Personal betreut werden, gibt es weitere nützliche Angebote: Eine Lounge mit Internetanschluss, wo man verschnaufen kann, durchgehende kostenfreie Kinderbetreuung, Ernährungsberatung fürs Abnehmen sowie – gegen Extrabezahlung – Massage- und Kosmetikbehandlungen.

Die Tageskarte Wer sich mit Fitnessstudios bisher nicht näher befasst hat, gleichwohl aber den Wunsch dazu verspürt, hat in Brunnthal die Gelegenheit, einen Tag lang ohne zeitliche und räumliche Einschränkung das gesamte Programm auszuprobieren. Möglich macht das eine Tageskarte zu 20 Euro. Auf den ersten Blick relativ viel Geld, auf den zweiten allerdings eine lohnende Sache: Sie haben maximal 18 Stunden Zeit, um sämtliche Geräte zu testen und somit endlich eine Antwort darauf zu erhalten, ob diese Art von Training für Sie geeignet wäre. Sie können auch die anderen Einrichtungen des Hauses, also den Pool, den Wellnessbereich und die Kletterwand nutzen, bei Letzterer freilich unter Beachtung der Sicherheitsbestimmungen. Ausgeschlossen sind nur Anwendungen, die ohnehin extra zu bezahlen wären. Für kurze Auskünfte stehen jederzeit die Trainer zur Verfügung. So könnte ein verregneter Tag zu überraschenden Erkenntnissen führen und womöglich einen Fitnessmuffel wundersam in einen Fitnessfan verwandeln.

7 Modellbahn-Schauanlage – Miniland München

Attraktionen für Jung und Alt

■ **Adresse:**
Modellbahn Miniland München, Hürderstr. 4, 85551 Kirchheim-Heimstetten
■ **Kontakt:**
Tel. 089/54 04 50 27, www.miniland.de, info@miniland.de
■ **Öffnungszeiten:**
Mi–So 10–18.30 Uhr, in den bayer. Schulferien auch Mo/Di 10–18.30 Uhr
■ **Anmeldung:**
Nur für größere Gruppen erforderlich
■ **Anfahrt:**
Mit dem Auto: 15 km ab München-Mitte; A 94 und A 99 bis AS Kirchheim, von dort nach Heimstetten (s. Karte).
Mit den Öffentlichen: S2 bis Heimstetten, dann noch ca. 100 m Fußweg
■ **Karte:**
Marco Polo 1:200 000, Bayern Süd
■ **Einkehr:**
Eigenes Miniland-Bistro. In Heimstetten: Hotelgasthof Eberle (Bahnhofstraße), Sa bis 17 Uhr, Mo Ruhetag

Die Modellbahnanlage in Heimstetten gilt als größte in Süddeutschland und als älteste in Europa. Über 100 Züge durchqueren bekannte Landsstriche von der Nordsee bis zu den Alpen. Imponierend sind die detailgetreuen Miniaturen.

Attraktionen für Jung und Alt Bisheriger Standort dieser Anlage war Wengen im Allgäu; nun wurde sie komplett nach München verlegt, wo sie weiter ausgebaut werden soll. Als eine der größten HO-Eisenbahn-Schauanlagen Deutschlands verfügt sie über ein

Oben: Wunderschöne Miniaturen und eine weitläufige und aufwändige Bahnanlage kennzeichnen die gesamte Anlage in Heimstetten.

Unten: Auch ein naturgetreu gestalteter Rummelplatz mit Karussells, Riesenrad und Geisterbahn gehört zum Landschaftsbild.

Nicht nur ein richtiger Flugplatz gehört zu Anlage: Die Jets starten und landen sogar.

1500 Meter langes Gleisnetz und wird per Computer gesteuert. Fast 50 000 Bäume und Büsche sowie 15 000 Miniaturfiguren sind über die Anlage verteilt. Alle paar Minuten wird Miniland abgedunkelt und verwandelt sich dann mit seinen zahllosen Leuchtpunkten in ein kleines, funkelndes Lichtermeer.

Den Beginn des Rundgangs markiert ein Flughafen, auf dem Starts und Landungen simuliert werden. Danach reihen sich schmucke Ortsteile und liebevoll gestaltete Kulissen aneinander. Zu bestaunen sind ein Vergnügungspark mit Karussell, Riesenrad und Geisterbahn, eine Zirkusarena mit Zelt und schließlich ein mit 3500 handbemalten Figuren voll besetztes Sportstadion am Rheinufer. Immer wieder gleiten diverse Eisenbahnzüge an den Aufbauten vorbei. Im süddeutschen Raum fallen u. a. hübsche Dörfer mit Fachwerkhäusern ins Auge, auch eine Zahnradbahn, ein Wasserkraftwerk und schließlich Schloss Neuschwanstein in spektakulärer Lage vor schneebedeckten Gebirgsgipfeln. Beachtenswert ist nicht zuletzt auch die detailgetreue Nachbildung der Stadt Lindau am Bodensee.

Abgebildet sind deutsche Landschaften von der Nordsee bis zu den Alpen, wie hier das Ostallgäu mit dem weltberühmten Schloss Neuschwanstein.

Kinder können ihren Geburtstag in einem eigenen Raum feiern. Beschäftigt werden sie zudem an einem riesigen Spielpodest, wo sie sich als Lokführer bewähren oder mit der neuen großen Holzeisenbahn spielen können, während die Eltern im Bistro Kaffee trinken oder sich in einer Ruhezone auf Schwingsesseln entspannen.

8

Auf Fan-Tour durch die Allianz-Arena

Auf den Spuren einer Lichtgestalt

Dieses faszinierende Stadion im Norden Münchens muss man gesehen haben – ob Fussballfan oder nicht! Es gilt als eines der schönsten und modernsten der Welt. Ob innovative Außenhaut oder der überwältigende Kessel im Innenraum mit Tiefblick: Die Architekten haben hier ganze Arbeit geleistet!

■ **Adresse:**
Allianz Arena München, Werner-Heisenberg-Allee 25, 80939 München-Fröttmaning; Durchführung Fan-Tour: Arena One GmbH
■ **Kontakt:**
Stadion GmbH: Tel. 089/200 50; Info-Tel. Führungen: 01805/55 51 01; www.allianz-arena.de, besucher@arena-one.com
■ **Öffnungszeiten:**
Täglich 10–18 Uhr außer an Spieltagen; Führungen für Individualbesucher von 11–17.30 Uhr (Winter 16.30 Uhr)
■ **Anmeldung:**
Erst für Gruppen ab 11 Personen erforderlich
■ **Anfahrt:**
Mit dem Auto: 12 km ab München-Mitte; A 9 bis AS München-Fröttmaning Süd oder Nord; Parken s. Beschilderung.
Mit den Öffentlichen: U6 bis Fröttmaning, von dort ca. 15 Min. Fußweg.
Zugang zum Stadion: U. a. Südseite Richtung Markenwelt, Aufgang J, 332–334 zum Allianz Arena Shop
■ **Karte:**
Stadtplan München
■ **Einkehr:**
Restaurant der Arena One GmbH auf Ebene 3

Brodelnder Kessel mit 69 900 Zuschauern. Die Fahnen verraten es: Ein Länderspiel läuft.

Lichtgestalt in Zahlen Nachdem das renommierte Schweizer Architekturbüro Herzog & de Meuron 2002 die Ausschreibung für sich entschieden hatte und wenig später der Grundstein gelegt war, dauerte es nur noch zweieinhalb Jahre, bis das Stadion im Stil englischer Fußballarenen errichtet war und Ende Mai 2005 feierlich eröffnet werden konnte. Stolze 340 Millionen Euro kostete der Traum in Weiß. Seine Maße sind imponierend: Es umfasst einen Gesamtraum von 258 x 227 x 50 m, sprich fast drei Millionen Kubikmeter, seine Nutzfläche auf sieben Ebenen beträgt 171 000 Quadratmeter. 69 901 überdachte Plätze, verteilt auf drei der steilsten Ränge in Europa, füllen das gewaltige Rund und umringen das

68 x 105 m große Spielfeld mit beheizbarem Rasen. Zum Platzangebot gehören auch 2200 Business-Sitze und 165 barrierefreie Sitze für Behinderte.

Zwei riesige, überall einsehbare Videotafeln mit je fast 100 Quadratmetern Fläche sowie über 150 Lautsprechersysteme liefern vor und während des Spiels ergänzende Informationen, während rund 230 Scheinwerfer in 45 Metern Höhe den Innenraum taghell beleuchten. Fassade und Dach belegen zusammen eine Fläche von 66 500 Quadratmetern und bestehen aus 2760 Luftkissen, die in Rot, Blau oder Weiß erstrahlen, je nachdem, ob der FC Bayern, der TSV 1860 München oder z. B. die Nationalelf spielt.

Ist die Allianz Arena so schon ein optisches Schmuckstück, wird sie durch die warme Farbumrahmung des Herbstes fast zum Gemälde.

Stadion-Innenleben Neben Büros und Konferenzräumen verbergen sich hinter den Rängen u. a. 6500 Quadratmeter Gastronomieflächen mit 28 Kiosken und drei Restaurants, des Weiteren ein großer VIP-Bereich mit gut 4500 Plätzen, zu dem ein Business Club und eine Sponsoren-Lounge ebenso gehören wie 106 verschieden große und stilvoll eingerichtete Logen mit Balkon und Komfortsitzen. (Wie begehrt diese sind, zeigt der Umstand, dass sie allesamt bis 2015 ausgebucht sind.) Zum Innenleben zählen auch ein Presseclub und die Markenwelt, u. a. mit den Fan-Shops der Bayern und der Sechziger sowie dem Allianz Arena Shop.

Besitzverhältnisse Ursprünglich hatten die beiden großen Münchner Vereine zu je 50 Prozent die Stadiongesellschaft gegründet. 2006 sah sich jedoch der TSV 1860 aus wirtschaftlichen Gründen gezwungen, seine Anteile auf die Bayern zu übertragen. Mit der Option allerdings, diese Anteile Mitte 2010 wieder zurückzukaufen. Doch das konnte nicht realisiert werden, im Gegenteil: Seit 2008 ist der FC Bayern endgültig alleiniger Gesellschafter und erhält vom TSV 1860 eine Miete für dessen Spiele in der Arena.

Großkampftag des FC Bayern: Ausverkauftes Stadion, absolute zahlenmäßige Überlegenheit der Bayern-Fans und große Erwartungen.

In der Sponsorenlounge bitten namhafte Unternehmen ihre Gäste zu Tisch.

Spielbetrieb Die Allianz Arena ist Schauplatz von etwa 50 Spielen pro Jahr. Dazu zählen regelmäßig Bundesliga-, Zweitliga- und DFB-Pokalspiele. Sporadisch kommen Länderspiele, Freunschaftsspiele und nicht zuletzt Partien im UEFA-Cup und in der Champions League hinzu, vorausgesetzt, die beiden Vereine konnten sich für einen der beiden Bewerbe qualifizieren.

Nicht nur die Anteile am Stadion spiegeln die großen Unterschiede zwischen dem FC Bayern und dem TSV 1860 München wider, auch die Zuschauerzahlen. Während die Blauen in der zweiten Bundesliga mit einem Schnitt von 25 000 bis 30 000 Besuchern zufrieden sein müssen, sind die Spiele der Bayern so gut wie immer ausverkauft – das bedeutet in den meisten Fällen zwischen 60 000 und 69 900 Zuschauer. Allein 37 000 Dau-

erkarten haben die Bayern an den Mann gebracht und alles in allem bis heute rund 15 Millionen Zuschauer die Spiele in der Arena mit verfolgt.

Stadionrundgang Nachdem man im Allianz Arena Shop sein Ticket erhalten hat, startet dort auch die Fan-Tour. Ein kurzer Film zeigt noch einmal im Zeitraffer die Bauphase, dann geht es los. Alles was oben an Wissenswertem beschrieben ist, erfahren Sie unterwegs auch vom Führer, der noch manches Detail und kleine Episoden hinzufügen kann. Nach Erklärungen zur einzigartigen Außenhaut des Stadions folgt ein Ausflug hinauf zum obersten Rang mit einem Neigungswinkel von 34 Grad. Da tasten sich manche Besucher nur noch langsam voran. Danach wirft die Gruppe einen Blick in die Sponsorenlounge, um dann wieder in den Außenbereich zu wechseln, diesmal auf die Hauptebene zwischen 1. und 2. Rang. Das Finale des Rundgangs bildet ein Besuch im Spielerbereich, also dort, wo der Fan normalerweise nicht hinkommt. Man sieht die Umkleidekabinen der Mannschaften, die Aufwärmräume, den Interviewraum und jenen Tunnel, durch den die Spieler den Platz betreten und ihn nach Spielende wieder verlassen.

In Rot erstrahlt die Arena, wenn der FC Bayern Gastgeber ist, in Blau, wenn die Löwen spielen.

Auf Ebene 3 des Stadions breitet sich die Markenwelt aus, zu der auch die beiden Fan-Shops der Bayern und der Löwen (im Bild) gehören.

9 Oldtimer-Show der Luft- und Raumfahrt

Vom Segelapparat bis zur Ariane-Rakete

■ **Adresse:**
Flugwerft Schleißheim, Effnerstr. 18, 85764 Oberschleißheim
■ **Kontakt:**
Tel. 089/31 57 14 10, www.deutsches-museum.de, fws@deutsches-museum.de
■ **Öffnungszeiten:**
Täglich 9–17 Uhr (einige Tage im Jahr geschlossen, z. B. Neujahr, Hl. Abend; Details unter o. a. Tel.)
■ **Anmeldung:**
Rundgang ohne Führung möglich; Führungen für Einzelbesucher und Familien um 10.30, 11.30, 14.30 und 15.30 Uhr, Anmeldung nicht erforderlich
■ **Anfahrt:**
Mit dem Auto: 15 km ab München-Mitte; ab AS München-Neuherberg der A 99 auf ausgeschilderter Nebenstraße entlang der Autobahn zur Flugwerft (s. Karte).
Mit den Öffentlichen: S1 bis Oberschleißheim, von dort ca. 1,5 km Fußweg
■ **Karte:**
Stadtplan München
■ **Einkehr:**
In Oberschleißheim: Schlosswirtschaft mit Garten, Mo Ruhetag

Die Sammlung an Luft- und Raumfahrzeugen des Deutschen Museums in Oberschleißheim zeigt auf ca. 7500 Quadratmetern alles, was das Herz des Flugzeugfans erfreut: vom Segelapparat Lilienthals über Nutz- und Sportflugzeuge bis hin zu NATO-Kampfjets. Ausgestellt sind rund 100 Fluggeräte und Motoren.

Ein kurzer Blick zurück 1912 stellte General Karl Ritter von Brug das Erste Bayerische Fliegerkorps-Kommando auf, dessen Standort der Flugplatz Oberschleißheim wurde. Im Ersten Weltkrieg war der Flugplatz ein Ausbildungszentrum der Luftwaffe, nach Kriegsende wurde er Ausgangspunkt für regelmäßige Post- und Passagierflüge und Schulungszentrum der Deutschen Verkehrsfliegerschule. Ab 1933 entsteht aus dem Flugplatz ein Fliegerhorst der »Königlich-Bayerischen Fliegertruppe« mit intensivem Ausbildungsprogramm. Dann, nach Ende des Zweiten Weltkriegs,

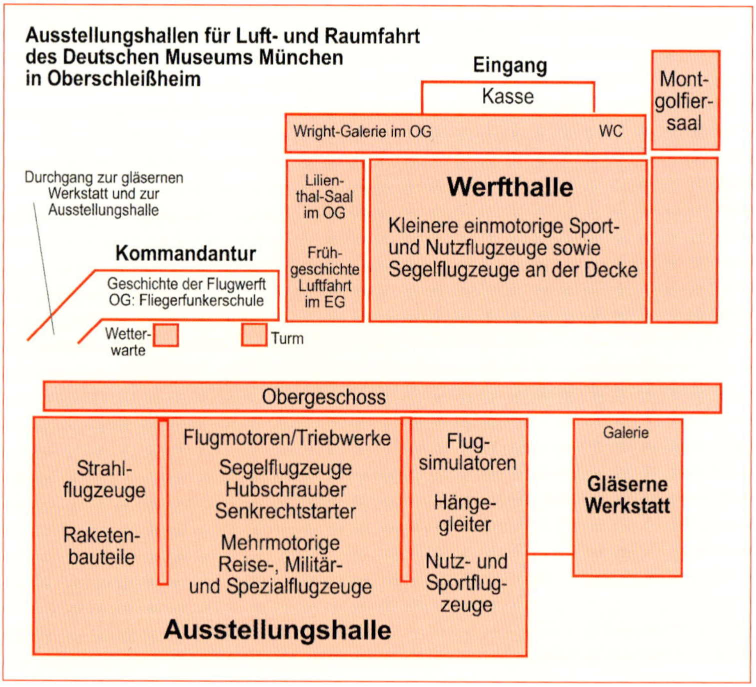

stationieren erst die Amerikaner und ab 1968 die Bundeswehr Hubschrauber auf dem Platz, bis schließlich 1981 die militärische Nutzung ihr Ende findet.

Inzwischen platzte die Luftfahrzeugsammlung des Deutschen Museums aus allen Nähten. Neuer Ausstellungsraum wurde geschaffen, indem ab 1990 die alte Werfthalle und die ehemalige Kommandantur restauriert und überdies eine neue gläserne Ausstellungshalle mit einer Restaurierungswerkstatt errichtet wurden. Diese beiden markanten Gebäudetrakte fallen dem Betrachter heute ins Auge, wenn er sich der Anlage nähert.

Werfthalle und Kommandantur Einst Wartungszentrum für Flugzeuge, ist die Werfthalle heute einer der beiden großen Ausstellungshallen. Auf ihrer Nordseite befinden sich Kasse und Eingang. Die hier präsentierten Flugzeuge sind kleinerer Art und haben z. T. einen engen Bezug zum Flugplatz. So war das Jagdflugzeug Fokker D VII am Ende des Ersten Weltkriegs dort stationiert, das Flugzeug Udet U 12 Flamingo diente als Schulflugzeug, und das Verbindungsflugzeug Fieseler Storch steht für die Zeit des Zweiten Weltkriegs. Weitere Beispiele aus dieser Sammlung sind das Sportflugzeug Bölkow 209 Monsun in Ganzmetallbauweise, das Muskelkraftflugzeug Rochelt Musculair 2, mit dem 1985 ein Geschwindigkeitsweltrekord von 44,26 km/h aufgestellt wurde, sowie ein Spezialflugzeug für die Landwirtschaft, ein Kunstflugzeug und Nurflügelflugzeuge.

In winterliches Kleid gehüllt: die Flugwerft in Oberschleißheim. Hinten erkennbar die Werfthalle, links davon die Kommandantur. Im Vordergrund links die gläserne Werkstatt und die große gläserne Ausstellungshalle.

Blick von der Galerie in der Werfthalle auf drei Oldtimer: Links (D1202) die U12 Flamingo, in der Mitte die Fokker D VII, rechts der Fieseler Storch

Die Kommandantur ist der älteste Trakt des Werftgeländes und präsentiert heute eine Dokumentation, die sich mit der historischen Entwicklung der Flugwerft und des Flugplatzes beschäftigt. Im Vorraum wird die Frühzeit der Luftfahrt in Wort und Bild dargestellt, in einem Nebenraum ist eine Flugwetterwarte untergebracht, während im Obergeschoss Einblicke in eine ehemalige Fliegerfunkerschule gegeben werden.

Neue Ausstellungshalle Nun rücken größere und bedeutendere Oldtimer der Luft- und Raumfahrt ins Blickfeld. Die Halle enthält eine Reihe von Teilsammlungen. Namhafte Vertreter der klassischen Flugzeuge sind das amerikanische Verkehrsflugzeug DC 3 (1944), das amerikanische Mehrzweckflugzeug Cessna 195 (1948) und die russische Antonow 2 (1965), der größte einmotorige Doppeldecker der Welt. Bei den Strahlflugzeugen sind bekannte Namen der Starfighter (1959), die Phantom II (1968), die russische MIG 21 und 23 (1972, 1980) und der Eurofighter (1994), bei den Hubschraubern die Alouette II (1961), die Sikorsky (1963) und die Bell UH-1D (1970), alle drei von der Bundeswehr genutzt. Daneben sind in der Halle auch Senkrechtstarter der Firmen Dornier und VFW-Fokker zu bestaunen, aber auch Repräsentanten der Raumfahrt, wie eine Europarakete in drei Stufen (1971) und Teile der Ariane 5 (1990). In der Abteilung Flugmotoren und Triebwerke sind 26 Motoren, elf Triebwerke und zwei Turbinenantriebe ausgestellt.

Die F 104 Starfighter, ein auch bei der Bundeswehr ehemals genutztes einstrahliges Kampfflugzeug.

Die gläserne Werkstatt Gleich neben der Neuen Ausstellungshalle steht eine verglaste Wartungshalle, bei der man nicht nur von außen nach innen blicken, sondern auch im Innern von einer erhöhten Galerie direkt den Werkstattbetrieb mit verfolgen kann. Es geht um Wartung, Reparatur und Restaurierung alter Fluggeräte und Motoren. Die Halle besitzt einen großen Zentralraum, wo Flugzeuge mit einer Spannweite von bis zu 20 Metern stehen oder ein- bzw. ausgefahren werden können. An der Seite sind die einzelnen Werkstatträume angeordnet. Die spektakulärsten Restaurierungen der jüngeren Zeit wurden an der Parabol-Antenne des »Würzburg-Riesen«, am Senkrechtsstarter Do 31 sowie am Nurflügelflugzeug Horten IV und an der Casa 2.111, einem spanischen Lizenzbau des deutschen Bombers Heinkel He 111, vorgenommen. Die drei genannten Flugzeuge können in Oberschleißheim bewundert werden.

Der Pilotennachwuchs übt bereits im Cockpit einer Do 27.

Die Dornier 31-E 3, ein Senkrechtstarter, der 1967 seinen ersten Start absolvierte, aber nie in Serie gebaut wurde.

10 Erlesenes Porzellan im Schloss Lustheim

Meisterstücke aus der Meissener Manufaktur

■ **Adresse:**
Schloss Schleißheim, Max-Emanuel-Platz 1, 85764 Oberschleißheim
■ **Kontakt:**
Tel. 089/315 87 20, www.schloesser-schleiss-heim.de, svgschleiss-heim@bsv. bayern.de
■ **Öffnungszeiten:**
Apr.–Sept. Di–So 9–18, Okt.–März Di–So 10–16 Uhr
■ **Anmeldung:**
Bis auf den 1. So/Monat 14 Uhr keine regelmäßigen Führungen, deshalb keine Anmeldung erforderlich
■ **Anfahrt:**
Mit dem Auto: 15 km ab München-Mitte; B 13 und St 2053 bis zur Schlossanlage (s. Karte Ausflug 9). Mit den Öffentlichen: S1 bis Oberschleißheim, vom Bahnhof ca. 1,5 km Fußweg bis zum Schloss
■ **Karte:**
Marco Polo 1:200 000, Bayern Süd; Ortsplan s. Karte Ausflug 9
■ **Einkehr:**
In Oberschleißheim: Schlosswirtschaft mit Garten, Mo Ruhetag

Das Jagdschlösschen Lustheim ist nicht nur von außen eine Augenweide, sondern auch berühmt für seine farbenprächtigen Deckengemälde in Festsaal und Gemächern. Gekrönt wird das Ganze von der neben Dresden weltweit bedeutendsten Sammlung Meißener Porzellans, die seit 1971 dauerhaft in dem Schlösschen ausgestellt ist.

Das Gartenschloss Lustheim, umrahmt von Blumenschmuck, ist bei Sonnenschein besonders schön anzuschauen; bei Regenwetter kommen seine »inneren Werte« zum Tragen.

Entstehung des Schlosses Das war halt noch ein Bräutigam alten Schlages! Weil er sich mit Maria Antonia, Tochter des habsburgischen Kaisers vermählen wollte, gab Kurfürst Max Emanuel seinem Hofarchitekten Zuccalli 1683 den Auftrag, ein Jagd- und Gartenschlösschen zu bauen. Es sollte ein Hochzeitsgeschenk sein. Wenn auch vom primären Plan Abstriche gemacht werden mussten, blieb doch ein kleiner Prachtbau übrig, der damals wie heute als Juwel im Schlosspark empfunden wird und den Gegenpol zum früher Alten, später Neuen Schloss in Oberschleißheim darstellt.

Von der Inneneinrichtung des Schlösschens sind im Wesentlichen nur die Deckengemälde erhalten, die jedoch den einstigen Prunk der Räume erahnen lassen. Hauptmotiv der Fresken ist die in di-

Drei wunderschön bemalte Deckelvasen aus einem siebenteiligen Satz von Augustus-Rex-Vasen mit indianischem Dekor.

versen Szenen dargestellte Jagdgöttin Diana. Ausgeführt wurden die Gemälde von den Meistern Francesco Rosa, Antonio Maria Bernardi, Giovanni Trubillio und Johann Anton Gumpp. Heute bergen die Innenräume überdies eine weltberühmte Porzellansammlung.

Die Meißener Porzellansammlung Prof. Dr. Ernst Schneider (1900–1977) war nicht nur ein erfolgreicher Unternehmer, sondern auch ein renommierter Sammler und Mäzen. So erlangte seine Kollektion Meißener Porzellans Weltruf. Er stiftete sie 1968 dem Freistaat Bayern, worauf das Bayerische Nationalmuseum eine Zweigstelle im Schloss Lustheim einrichtete und die Sammlung der Öffentlichkeit zugänglich machte. Über 2000 edle Stücke geben Einblick in das Schaffen der Meißener Pozellanmanufaktur von 1710, ihrem Gründungsjahr, bis in die Mitte des 18. Jahrhunderts, also bis in die Barockzeit.

Die Geschichte des europäischen Porzellans begann mit der prahlerischen Behauptung des Alchemisten Johann Friedrich Böttger, er könne Gold herstellen. Das ließ sich der sächsische Kurfürst August der Starke nicht zweimal sagen, sperrte den Alchemisten ein und wollte ihn erst wieder freilassen, wenn das Gold erfunden war. Es wurde natürlich nicht erfunden, dafür aber arbeitete Böttger mit Ehrenfried Walther von

Elefantenleuchter aus dem Jahr 1735, auf »indianische Art« gestaltet.

Im Vorzimmer des Grünen-Kurfürsten-Appartements ist an der Decke ein farbenprächtiges Diana-Fresko von Francesco Rosa zu bewundern. Dargestellt ist Diana, die Iphigenie vor dem Opfertod in Aulis errettet, indem sie eine Hirschkuh schlachten lässt.

Tschirnhaus Jahre später an der Herstellung von Porzellan – und nun mit Erfolg. 1708 wurde zur Geburtsstunde des europäischen Porzellans. Zu dieser Zeit hatten chinesische und japanische Por-

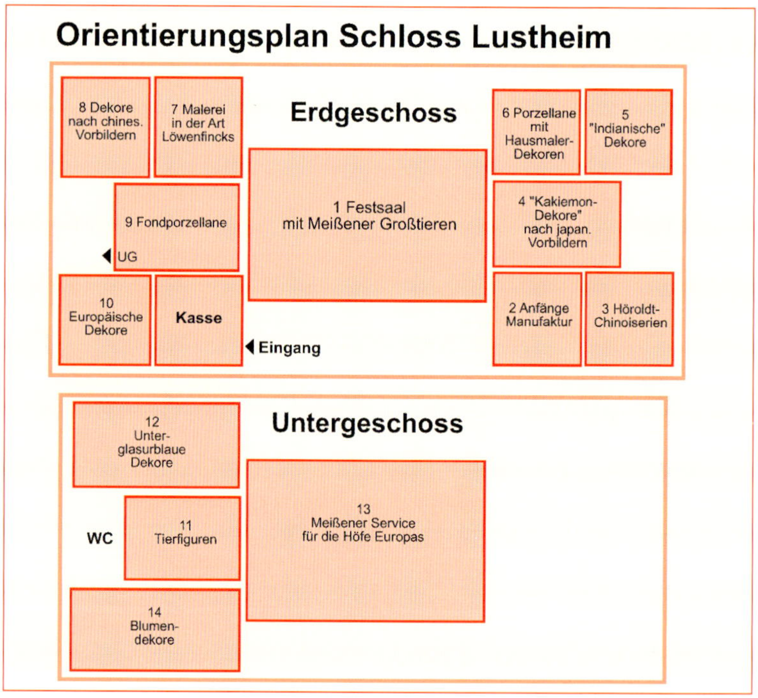

Rechte Seite:
Oben: Geschirrteile aus dem berühmten Schwanenservice des Grafen von Brühl.

Unten: Ein Teller aus dem nicht minder prächtigen Service des Grafen Alexander Joseph von Sulkowski.

zellane schon die Welt erobert. August der Starke aber ließ die europäische Erfindung patentieren, gründete die Manufaktur in Meißen und legte den Grundstein für die berühmteste Porzellansammlung der Welt im Dresdner Zwinger.

Rundgang im Schloss Bei einem normalen Rundgang durch die Schlossräume (s. Plan) wird man – bedingt durch die Vielfalt und Schönheit der Sammlung – vermutlich nicht jedes einzelne Objekt mit der gebührenden Aufmerksamkeit betrachten können. Achten Sie deshalb vor allem auf die Höhepunkte der Ausstellung, zu denen es auf der Website der Schleißheimer Schlösser heißt: »Der Bogen spannt sich dabei von Geschirren und Figuren der Böttgerzeit, über die berühmten Chinoiserien des Porzellanmalers Johann Gregorius Höroldt, die von August dem Starken besonders geschätzten ›indianischen‹ Dekore bis hin zu den plastischen Meisterleistungen des Modelleurs Johann Joachim Kaendler, wie sie die lebendig modellierten Tierfiguren bezeugen. Einen besonderen Höhepunkt stellen die zahlreichen Porzellane aus dem Wappenservice des Grafen Sulkowski und dem legendären Schwanenservice des Grafen Heinrich von Brühl dar, die eine Vorstellung von Glanz barocker Festtafeln geben«.

Gewitterstimmung über der Schlossanlage in Stein an der Traun

Ausflugsvorschläge in Oberbayern

11 Schönheit auf vier Rädern – im Audi-Werk Ingolstadt

Führung durch ein Hightech-Werk

■ **Adresse:**
Audi-Forum Ingolstadt, Ettingerstraße, 85045 Ingolstadt
■ **Kontakt:**
Tel. 0800/283 44 44,
www.audi.de,
welcome@audi.de
Führungen:
Mo–Fr
10.30/12.30/14.30 Uhr
(Dauer 2 Std.)
■ **Anmeldung:**
Spontaner Besuch möglich, aber vorherige Anfrage wegen freier Plätze ratsam (Gruppen mit max. 30 Pers.)
■ **Anfahrt:**
Mit dem Auto: 84 km ab München-Mitte; A 9 bis AS Ingolstadt-Nord, dort weiter auf Römer-, Theodor-Heuss- und Hindenburgstraße, dann rechts auf die Ettingerstraße und nach 1 km rechts zum Audi-Forum (s. Karte).
Mit der Bahn: München–Ingolstadt-Nord, dort weiter mit Bus 15 zum Audi-Forum
■ **Karte:**
Marco Polo 1:200 000, Bayern Süd
■ **Einkehr:**
Im Audi-Forum: Marktrestaurant mit Bedienung (1. Stock) oder Selbstbedienung (Erdgeschoss)

Wir erhalten Einblick in eine der renommiertesten Autoschmieden der Welt. Auf der hochinteressanten Überblicksführung erlebt man »Produktion kompakt« mit Besuchen u. a. im Presswerk, beim Karosseriebau und in der Endmontage. Imponierend ist vor allem der präzise Einsatz großer Industrieroboter.

Audi-Firmenprofil Die Audi AG ist ein global agierendes Unternehmen, das zum Volkswagen-Konzern gehört. Stammsitz und Hauptfertigungsort ist Ingolstadt, daneben werden Audi-Modelle auch in Neckarsulm sowie in Györ (Ungarn), Bratislava (Slowakei), Changchun (China) und Aurangabad (Indien) produziert. Getreu dem Slogan »Vorsprung durch Technik« repräsentieren nicht nur die Automobile höchsten technischen Standard, sondern auch die Fertigungsanlagen, in denen mit modernster Technik produziert wird. In Ingolstadt sind es die Modelle A3, A4, A5 und Audi Q5. Darüber hinaus werden der Audi TT und das Audi A3 Cabriolet im Verbund mit dem Standort Györ gefertigt.

Auch die wirtschaftlichen Zahlen des Konzerns sind eindrucksvoll. Bei rund 58 000 Mitarbeitern erzielte das Unternehmen 2009 einen Umsatz von fast 30 Milliarden Euro und ein Ergebnis nach Steuern von ca. 1,35 Milliarden. Hergestellt wurden in diesem Jahr

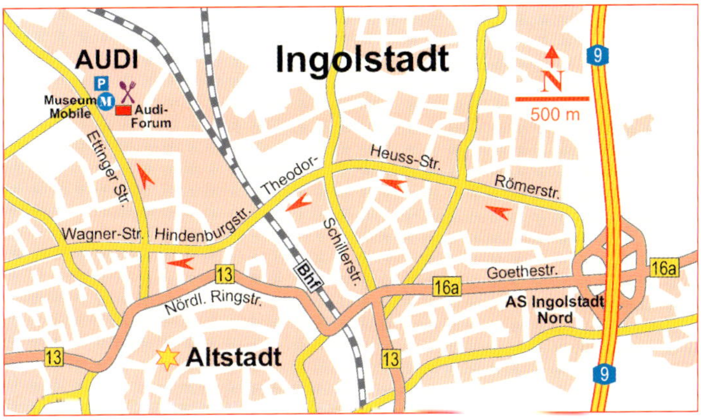

über 930 000 Fahrzeuge. Zudem stand das Jahr 2009 ganz im Zeichen wichtiger Jubiläen: 100. Geburtstag der Marke Audi und 60-jähriges Bestehen des Stammsitzes. Angesiedelt war das Unternehmen zunächst in Ingolstadt-Mitte, zog aber dann in den Norden der Stadt, wo 1959 das seinerzeit modernste Automobilwerk Europas seinen Betrieb aufnahm. Heute erstreckt sich das Werk auf einer Gesamtfläche von ca. zwei Millionen Quadratmetern.

Überblicksführung durch das Werk Diese Führung hat wichtige Vorteile: Sie findet zu festen Zeiten statt, und sie gibt in zwei Stunden einen hervorragenden Überblick über die Fertigung eines Automobils. Sie beginnt mit einem kurzen Film im Audi Forum, der Wissenswertes über die Standorte von Audi AG und das Stammwerk Ingolstadt liefert. Dann geht es hinüber in die großen Produktionshallen im Südbereich des Werks.

Das Presswerk ist erste Station des Rundgangs, wo vorgeschnittene Bleche zu Teilen der Fahrgastzelle für A4 und A5 ausgeformt werden. Insgesamt 19 Pressen verarbeiten hier 1700 Tonnen Rohmaterial und 510 000 Einzelteile täglich. Die geformten Teile gehen vom Presswerk in den anschließenden Lagerbereich, wo sie je nach Bedarf entnommen werden.

Panoramabild vom Audi-Forum Ingolstadt: links das lang gestreckte Glasgebäude u. a. mit dem Treffpunkt für die Werksführung, Programmkino und Restaurants; in der Mitte der Rundbau des museum mobile.

Der Karosseriebau ist nächste Station. Hier geht es darum, die geformten und vollverzinkten rund 300 bis 400 Einzelteile pro Karosserie zu einer homogenen Fahrgastzelle zusammenzufügen. Das erfordert u. a. rund 4500 bis 5500 Schweißvorgänge und ca. 125 Meter Klebenaht pro Fahrzeug. Und nun folgt das eigentlich Faszinierende an diesem Produktionsbereich: Man erlebt ein regelrechtes »Ballett der Schweißroboter« (Audi-Forum), die mit ihren Greifarmen wild herumfuchteln und dann doch mit einem Tausendstel Millimeter Genauigkeit den Schweißpunkt treffen. Ein ungemein eindrucksvolles Schauspiel, das die technische Perfektion der Produktionsanlagen unterstreicht. Unglaubliche 98 Prozent der Arbeiten übernehmen hier die Industrieroboter.

Im Presswerk transportieren automatisch gesteuerte Saugnäpfe die Blechteile weiter.

Ein Infostand Lackiererei ersetzt den Besuch derselben im Nordbereich des Werks, denn das würde den Zeitrahmen der Führung sprengen. Am Stand erfährt man alles Wichtige über den Lackaufbau und Oberflächenschutz der Automobile: dass es 32 Farben gibt, welche Bestandteile im Lack enthalten sind und dass insgesamt fünf Schichten aufgetragen werden – Grundierung, Farbfüller, Basis- und Klarlack. Und das alles unter streng umweltorientierten Aspekten.

Bei der Endmontage: Eine Fertigungsmechanikerin erledigt routiniert ihre Arbeit.

Die Endmontage schließlich ist der letzte Schwerpunkt der Werksbegehung. Hier ändert sich das Bild grundlegend: Wurden beim Karosseriebau fast 100 Prozent der Arbeiten von Robotern übernommen, kehrt sich in der Endmontage das Verhältnis um. Jetzt müssen 80 Prozent der Tätigkeiten von Facharbeitern geleistet werden, und entsprechend lebhaft geht es in der Montagestraße zu. Zwei bis drei Fertigungsmechaniker machen

sich an jeder bereits lackierten Karosserie zu schaffen, setzen z. B. Scheiben und Cockpit ein oder verlegen Kabel. Wenig später kommt dann der große Moment, der werksintern »Hochzeit« genannt wird: Die Karosserie wird mit der Antriebsplattform verbunden, auch als Chassis bekannt, zu der u. a. die Radaufhängungen, der Motor und das Getriebe gehören. Nachdem das fast fertige Auto an anderer Stelle noch Räder, Flüssigkeiten und Benzin erhalten hat, gelangt es zur Endabnahme und durchläuft seine letzten Tests. Sie betreffen u. a. Licht, Bremsen und Dichtigkeit der Karosserie. Im Übrigen hat jedes Fahrzeug im Lauf seines Zusammenbaus schon zahlreiche Zwischenprüfungen durchlaufen, deren Ergebnisse bis zu 15 Jahre gespeichert werden, sodass sie im Fall des Falles nachgeprüft werden können.

Wenn Sie sich nach der Führung dann noch in den Restaurants des Audi Forums gestärkt haben, kommen Sie sicher zu dem Schluss, dass der Besuch bei der Audi AG in Ingolstadt ein lohnendes Unternehmen und ein nachhaltiges Erlebnis war.

Im Foyer des Gebäudes Markt und Kunde sind aktuelle Audi-Modelle zum Anschauen und Anfassen ausgestellt.

Andere »Führungsmuster«

Der Vollständigkeit halber sei erwähnt, dass neben der Überblicksführung auch Führungen durch das Audi museum mobile und maßgeschneiderte Sonderführungen durchs Werk angeboten werden, dann z. B. mit Schwerpunkt auf Karosseriebau, Lackiererei oder auf der ökologischen Seite der Produktion. Auch Führungen speziell für Kinder sind im Programm; Termine erfährt man auf Anfrage.

12 Schnäppchenjagd bei strömendem Regen

Durchs Ingolstadt Village

Viele Leute haben den Outlet-Shop ihrer Lieblingsmarken ganz in ihrer Nähe. Im Ingolstadt Village aber gibt es über 100 Boutiquen weltbekannter Marken, die die Kollektionen der Vorsaison oft unter dem halben ursprünglichen Preis anbieten – das ist eine unschlagbare Vielfalt und ideale Vergleichsmöglichkeit.

Adresse:
Ingolstadt Village, Otto-Hahn-Str. 1, Gewerbegebiet Nord-Ost, 85055 Ingolstadt
Kontakt:
Tel. 0841/886 31 00, www.ingolstadtvillage.com, Ingolstadt@ValueRetail.com
Öffnungszeiten:
Mo–Sa 10–20 Uhr
Anmeldung:
Nicht erforderlich
Anfahrt:
Mit dem Auto: 80 km ab München-Mitte; A 9 bis AS Ingolstadt-Nord, weiter auf der B 16a nach Osten und nach 1 km über die St 2231 nach Norden zum Gewerbegebiet Nord-Ost (s. Karte). Mit der Bahn: München–Ingolstadt-Nord, von dort mit Bus Nr. 20 zum Gewerbegebiet Nord-Ost. Ab München Hbf. verkehrt Do und Sa um 9.30 Uhr ein Shuttlebus ins Village und zurück.
Karte:
Marco Polo 1:200 000, Bayern Süd
Einkehr:
Im Ingolstadt Village: Restaurant Stiftl mit Biergarten; San Francisco Coffee Company (SB) mit Terrasse

Wissenswertes in Kürze FOC nennt sich Ingolstadt Village, was »Factory Outlet Center« heißt, frei übersetzt also ein Ort, an dem viele renommierte Firmen ihre hochwertigen Produkte preisgünstig anbieten, weil es Restposten sind oder die Kollektionen aus der letzten Saison stammen. Das Dorf ist die jüngste Gründung in Deutschland und wird von Value Retail PLC, einer Londoner Firma, betrieben.

Über 110 Boutiquen und sonstige Geschäfte haben sich im rund 10 000 Quadratmeter großen Village niedergelassen und bieten so auf engem Raum eine enorme Dichte an Fachgeschäften und Warenangeboten. Den Besucher freut's: Er hat eine Auswahl wie sonst nur in Einkaufsmeilen oder Shopping Centern großer Städte, und er kann in Ruhe vergleichen, bis er sein Schnäppchen gefunden hat.

Im Ingolstadt Village ist aber nicht nur die Mode vertreten, wenngleich sie auch mit ca. 60 Boutiquen für Damen und Herren die stärkste Branche stellt. Gut zehn Geschäfte widmen sich den Bedürfnissen der Kinder, weitere gut zehn Shops haben sich dem

Wie ein Vorzeigedorf im Kolonialstil wirkt die Ansammlung von Geschäftshäusern: adrett, gepflegt und sogar im Winter mit schönen Pflanzenkübeln und Bäumen.

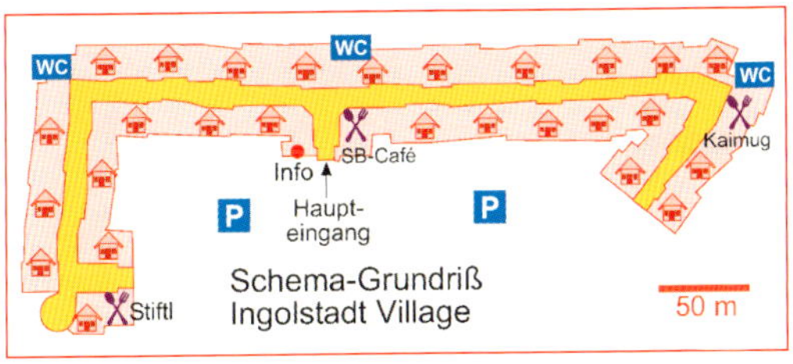

Sport verschrieben, und 20 Firmen bieten Schuhe und Accessoires an. Die restlichen zwölf Fachgeschäfte repräsentieren die Branchen Wohnen, Unterwäsche und Schokolade, hinzu kommen noch zwei Restaurants und ein Café. Natürlich bleiben diese Zahlen nicht konstant, denn manche Shops ziehen sich zurück und andere werden neu eröffnet. Unter den Fachgeschäften sind Nischenmarken ebenso vertreten wie international bekannte Namen. Zu Letzteren zählen z. B. die Modefirmen Escada, Bogner oder Aigner, aber auch Rosenthal, der Koffer- und Taschenhersteller MCM oder der europäische Golfmarktführer Golfino.

Da man sich vorwiegend in den Geschäften aufhält und dort das Warenangebot prüft, kann man die Schnäppchenjagd also getrost auch bei strömendem Regen unternehmen, denn landschaftlich oder kulturell gibt es in der Gegend nicht viel zu sehen. Und wenn Sie Ihren Rundgang beendet haben, empfiehlt sich die Einkehr im Gasthof Stiftl: Das im Kolonialstil erbaute Wirtshaus ist gemütlich eingerichtet und bietet eine ordentliche Küche.

Oben: Nicht nur Mode beherrscht das Bild im Ingolstadt Village, auch Freunde edler Lederwaren erwartet eine gute Auswahl.

Links: Sammelpunkt für erschöpfte und durchnässte Schnäppchenjäger: das Gasthaus Stiftl im Ingolstadt Village mit gemütlichen Gasträumen.

13 Kühner Balance-Akt im Hochseilgarten

Der Hallertaupark und das Deutsche Hopfenmuseum

■ **Adresse:**
Hallertau Park GmbH, Stanglmühle 7–9, 85283 Wolnzach
■ **Kontakt:**
Tel. 08442/63 90 76, www.hallertau-park.de, info@hallertau-park.de
■ **Öffnungszeiten:**
Do/Fr 14–19, Ferien 11–19, Sa/So/Fei 11–19 Uhr
■ **Anmeldung:**
Für Einzelpersonen nicht erforderlich
■ **Anfahrt:**
Mit dem Auto: 60 km ab München-Mitte; A 9 und A 93 bis AS Wolnzach, von dort gerade durch den Ort zum Nordrand (s. Karte). Mit der Bahn: München–Rohrbach in kurzen Abständen, dort aber nur an Schultagen 14.15 Uhr Bus bis Wolnzach (ca. 6 km)
■ **Karte:**
Marco Polo 1:200 000, Bayern Süd
■ **Einkehr:**
Im Hallertau Park eigener Gastronomiebetrieb. In Wolnzach: Gasthof zur Post (Marktplatz) mit Biergarten, Mi Ruhetag; Hotel Hallertau (Ziegelstr.) mit Biergarten

Die Rede ist vom Hallertau Park in Wolnzach, untergebracht in Deutschlands größter Traglufthalle, die ausgefüllt ist mit Spielgeräten und attraktiven Freizeitanlagen. Top-Einrichtung für Groß und Klein ist fraglos der Hochseilgarten mit zwei Ebenen und drei Parcours – ein idealer Platz für eine Mutprobe.

Der Hallertau Park Beeindruckende 6000 Quadratmeter ist die Halle groß und bis auf den letzten Platz für Spiel und Sport genutzt. In der Mitte baut sich der Würfel des Hochseilgartens auf, um ihn herum gruppieren sich diverse Einrichtungen, wie der Adventure Park, eine Art Holzlabyrinth zum Klettern, und der Adventure Trail, ein Holzparcour am Boden ohne Seil, speziell für Gleichgewichtsübungen kleinerer Kinder geeignet. Zudem gibt's eine Bungee-Anlage, Fahrten mit dem Segway-Hightech-Roller und einen Lake Victoria mit Hängebrücke, Floß und Holzbooten. Zur Ausstattung des Parks gehören auch ein Hallenfußballplatz, Trampoline, ein Karussell sowie gigantische Hüpfburgen. Diese sind mit Luft gefüllt und heißen Alien, Alligator, Robott, Pyramide und Alpenslider. Letzterer ist die größte aufblasbare Rutsche der Welt.

Wo man in der Halle auch hinschaut, überall tummeln sich Kinder und scheinen einen Riesenspaß zu haben. Denn fast überall geht es nicht nur um harmloses Spiel, sondern auch um kleine Herausforderungen, die bestanden werden müssen. Umso mehr kann man nach getaner Arbeit eine verdiente Pause im Biergarten der Restauration genießen.

Im Hochseilgarten Er soll aus dem großen Angebot des Parks herausgegriffen werden, weil er von Kindern ab sechs Jahre bzw. einer Mindestkörpergröße von 120 Zentimetern ebenso genutzt werden kann wie von Erwachsenen. Zudem bereitet er nicht nur Spaß, sondern ermöglicht auch diverse Einsatzformen: Abbau von Höhenangst und Schwindelanfälligkeit, Bestehen von Herausforderungen als Einzelner und im Team, Austesten der eigenen Grenzen. Solche Erfahrungen und Erlebnisse werden für geeignet gehalten, sich positiv auf die Persönlichkeitsentwicklung auszuwirken.

Während die Kinder im Hochseilgarten turnen, können sich die Eltern im Garten-Restaurant verwöhnen lassen.

Der Hochseilgarten ist eine stabile Holz-Stahl-Konstruktion, in der auf verschiedenen Höhen zwischen Plattformen künstliche Hindernisse zu einem Parcour verbunden sind – in Wolnzach ist die Anlage natürlich statisch geprüft und TÜV-zertifiziert. Auf zwei Ebenen in acht und 16 Metern Höhe werden drei Parcours angeboten, nämlich zwei auf der ersten Ebene mit je 45 Metern Länge und eine in 16 Metern Höhe mit einer Länge von rund

Blick auf den Hochseilgarten als Ganzes: deutlich zu erkennen die beiden Gerüstebenen, auf denen insgesamt drei Kletterrouten eingerichtet sind.

Ein Bub klettert auf der zweiten Ebene über eine Kletterwand. Hier kann nichts passieren, denn der Junge ist per Seil eingeklinkt und gesichert.

90 Metern. Zwischen den Plattformen sind über 20 verschiedene Klettersituationen zu bestehen, z. B. auf Hängebrücken oder an Netzen, Tauen, Strickleitern oder Kletterwänden – allesamt ohne festen Boden unter den Füßen.

Bei Übungen solcher Art, sprich in 10 bis 15 Metern Höhe ohne Netz und doppelten Boden und auf schwankendem Untergrund muss die Sicherheit eine herausragende Rolle spielen. Deshalb verzichten die Verantwortlichen auch auf eigenverantwortliche Maßnahmen der Teilnehmer. Vielmehr legt man den Leuten eine Kletterweste und ein Sicherungsseil an und klinkt das Seil in ein Laufschienensystem ein. Es ist oberhalb der Kletterstrecke angebracht und lässt das Halteseil des Kletterers auf ganzer Strecke mitlaufen, ohne das es an Übergängen umgeklinkt werden muss. Verliert ein Teilnehmer den Halt, kann er maximal einen halben Meter absacken, hängt dann in seinem Seil und kann sich wieder hochziehen. Die feste Verbindung mit der Laufschiene hat aber auch zur Folge, dass der Teilnehmer unterwegs nicht aus- und absteigen kann, sondern auf dem ganzen Parcour mit der Schiene verbunden bleibt. Er ist allerdings nicht gezwungen, alle

Während der junge Mann sich über frei schwebende Bohlen hangelt, versuchen Mutter und Tochter hinten Netz und von dort die Balkenleitern zu erreichen.

Übungen zu absolvieren, sondern kann Stationen zwischen den Plattformen überspringen.

Ein erfahrener Trainer steht an der Startrampe, gibt den Start zur ersten Übung frei und kontrolliert wiederum, wenn der Teilnehmer die Anlage verlässt. Er überwacht auch die einzelnen Klettergänge und kann sofort eingreifen, sollte einmal eine brenzlige Situation entstehen. Der Hochseilgarten gewährleistet also ein Maximum an Sicherheit, wiewohl betont werden muss, dass die Nutzung aller Spielanlagen auf eigene Gefahr geschieht.

Option Deutsches Hopfenmuseum Sofern Zeit und Interesse vorhanden, ist auch ein Besuch im Deutschen Hopfenmuseum in Wolnzach (Elsenheimerstr. 2; geöffnet Di–So 10–17 Uhr) empfehlenswert. Immerhin ist die Hallertau, oder bayerisch: Holledau, das größte Hopfenanbaugebiet der Welt. Das Museum dokumentiert in drei großen Abteilungen die 1000-jährige Kulturgeschichte des Hopfens, die Hopfenarbeit früherer Tage sowie den Weg des »Grünen Golds« vom Anbau bis zum Bierbrauer.

Besonders beliebt ist der Lake Viktoria, wo man auch Tretboot fahren und auf schwimmenden Inseln sein Gleichgewicht trainieren kann.

Im hinteren Teil des Parks: Trampoline und riesige Hüpfburgen üben eine magische Anziehungskraft auf Kinder aus.

14 Airport München – ein Hauch von weiter Welt

Karriere eines Flughafens

■ **Adresse:**
Flughafen München, Besucherzentrum, Nordallee 25, 85356 München
■ **Kontakt:**
Info-Tel. 089/97 54 13 33, www.munich-airport.de, besucherservice@munich-airport.de
■ **Öffnungszeiten:**
Besucherzentrum täglich 9.30–18 Uhr, im Winter bis 17 Uhr; Airport-Tour für Einzelbesucher: 1.3.–31.10. Mo–Fr je 13.30, Sa/So/Fei 11.30, 13.30 u. 15.30 Uhr, in den Wintermonaten am Wochenende nur 13.30 Uhr
■ **Anmeldung:**
Für Einzelbesucher nicht notwendig, aber empfehlenswert
■ **Anfahrt:**
Mit dem Auto: 33 km ab München-Mitte; A 9 und A 92 bis Besucherpark (s. Karte).
Mit den Öffentlichen: S8 oder S1 bis Flughafen/Besucherpark, von dort noch 800 m zum ausgeschilderten Besucherpark
■ **Karte:**
Marco Polo 1:200 000, Bayern Süd
■ **Einkehr:**
Im Besucherpark Airport: Restaurant Ikarus mit Biergarten, täglich geöffnet
Wichtiger Hinweis:
Spitze Objekte wie Messer, Scheren o. Ä. vor der Airport-Tour im Auto oder zu Hause lassen, da während der Tour eine Sicherheitskontrolle stattfindet.

Der Flughafen München, seit 1992 im Erdinger Moos, ist zum zweitgrößten Airport Deutschlands aufgestiegen. Während der normale Fluggast oder Besucher in dem riesigen Areal nur einen ganz begrenzten Teil kennenlernt, gewährt die Airport-Tour Einblick in fast alle wichtigen Bereiche des Flughafens.

Karriere eines Flughafens In München-Riem eher noch ein intimes Unternehmen, ist der Münchner Flughafen nach seinem Umzug in den Norden der Landeshauptstadt zu einem internationalen Drehkreuz angewachsen. Auf einer Fläche von fast 16 Millionen Quadratmetern werden knapp 30 000 Menschen beschäftigt, die sicherstellen, dass die gegenwärtig pro Jahr aufkommenden gut 30 Millionen Passagiere ordnungsgemäß abgefertigt werden können. 2009 verzeichnete der Airport beispielsweise fast 397 000 Flugzeugbewegungen, verteilt auf 94 Fluggesellschaften, die 235 Ziele in über 69 Ländern weltweit anflogen. Über 500 Firmen und Behörden haben sich am Airport angesiedelt; die drei größten sind die Lufthansa, die Flughafen München GmbH (FMG) und die Sicherheitsgesellschaft am Münchner Flughafen (SGM). Der Münchner Airport kann aber nicht nur mit Zahlen brillieren, er wurde nach Befragungen von Fluggästen wiederholt auch zum besten Flughafen Europas gekürt.

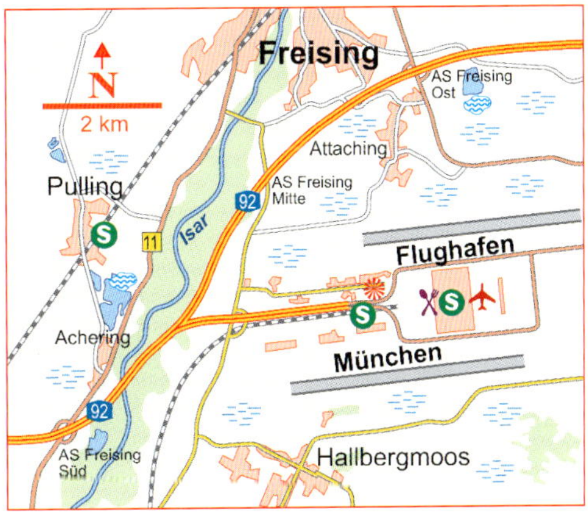

Eckpunkte des Flughafens sind zunächst seine beiden je 4000 Meter langen Start- und Landebahnen Nord und Süd, auf denen stündlich bis zu 90 Flugbewegungen möglich sind. Eine dritte Bahn ist in Planung. Im Zentrum sind die beiden Terminals angeordnet: Nr. 2 mit den Abflugebenen G und H, die von der Lufthansa und ihren Partner-Airlines bedient werden, sowie dem Sicherheitsterminal F (z. B. für Israel-Flüge). Nr. 1 besitzt die Module A bis E (Letzteres nur Ankunft), wo die anderen Fluggesellschaften, u. a. viele Ferienflieger, starten und landen. Den beiden Terminals vorgelagert sind das Vorfeld West mit 600 000 Quadratmetern und das Vorfeld Ost mit 760 000 Quadratmetern; beide Flächen dienen u. a. zum Abfertigen oder Bereitstellen der Flugzeuge. Bleibt noch zu erwähnen, dass in den beiden Terminals und dem MAC nicht weniger als 200 Shops und Restaurants/Cafés untergebracht sind, die täglich geöffnet haben.

Linke Seite: Vor den Anlagen von Terminal 2 und München Airport Center steigt ein Airbus A340-318 der Lufthansa in den weißblauen Münchner Himmel.

Airport-Tour für Einzelbesucher Start der einstündigen Rundfahrt mit einem Bus ist am Besucherzentrum. Dort erhalten Sie –

Animation des Münchner Flughafens mit geplanter dritter Start- und Landebahn (in Orange). In der Bildmitte das Herz des Flughafens mit den Terminals 1 (li.) und 2 (re.) und ihren Vorfeldern sowie dem München Airport Center und dem Zentralbereich.

von der S-Bahnstation Besucherpark oder vom Parkplatz kommend – ein Ticket und nehmen im Bus Platz. Zunächst werden die Catering-Unternehmen passiert, von denen allein die LSG täglich bis 40 000 Mahlzeiten zubereiten kann. Dahinter liegt das Blockheizkraftwerk, dann geht es am Technischen Betriebsbereich, am Verwaltungsgebäude der Flughafen München GmbH und beim Winterdienst mit seinen 150 Fahrzeugen vorbei. Nach Wechsel von der Nord- zur Zentralallee werden die Fluglotsen und das Flight Operations Center (FOC) der Lufthansa passiert.

Man erreicht das Vorfeld West, fährt am Terminal 1 entlang und wechselt am 78 Meter hohen Tower hinüber zum München Airport Center. Nachdem auch das Hotel Kempinski hinter einem liegt, gelangt man über die Erdinger Allee zum Terminal der Allgemeinen Luftfahrt, wo in erster Linie Privatflüge abgewickelt werden. Hier folgt eine Sicherheitskontrolle, dann fährt man in den nicht öffentlichen Bereich des Flughafens ein. Vorbei an der

Links kontrollieren zwei Damen im Tower das Vorfeld des Terminals 1, rechts der Airbräu-Biergarten im MAC.

Gepäcksortierhalle und der Feuerwache Nord erreicht man das Terminal 2 mit insgesamt 24 Fluggastbrücken. Dort wird eine Reihe von Jets für den nächsten Flug abgefertigt (Mahlzeiten, Kerosin u. ä.), darunter auch große Kaliber wie der Airbus A340-600 der Lufthansa, der 306 Passagiere nonstop rund 12 400 Kilometer weit transportieren kann. Passiert man beim Vorbeifahren die Maschine einer exotischen Fluggesellschaft, verspürt man sicher den Hauch der weiten Welt – und Fernweh kommt auf.

Hochbetrieb am Terminal 2 mit zahlreichen Jets der Lufthansa und ihrer Partner-Airlines; li. o. Terminal 1, dazwischen Tower, Zentralbereich und MAC.

Nächste Stationen sind das Vorfeld West, das große Frachtterminal mit seinem Vorfeld sowie die Hangars, also die Wartungshallen 1, 3 und 4. Am Tanklager und dem Triebwerks-Probelaufstand macht der Bus kehrt, fährt zurück zur Feuerwache Süd und gelangt schließlich durch das Haupttor wieder zum Besucherzentrum (Route s. auch Plan des Flughafens).

Jeden ersten Freitag im Monat findet um 15 Uhr eine Airport-Tour mit Besichtigung der Feuerwehr statt, an der sich auch Einzelbesucher nach Voranmeldung beteiligen können. Größere Gruppen (über 20 bis max. 55 Teilnehmer) können täglich zwischen 8.30 und 17.30 Uhr eine normale oder die erweiterte Rundfahrt buchen.

Seltener Besuch in München: der neue Airbus A380-800 ist soeben gelandet und rollt über eine der Brücken auf das Vorfeld des Terminals 2.

15 Rundgang durch berühmte Bierhochburgen

Von der Erdinger Weißbräu zum Paulaner München

■ **Adresse:**
Erdinger Weißbräu, Franz-Brombach-Str. 1-20, 85435 Erding; Brauerei Aying, Münchener Str. 21, 85653 Aying; Staatsbrauerei Weihenstephan, Alte Akademie 2, 85354 Freising; Paulaner Brauerei, Falkenstr. 11, 81541 München-Nockherberg

■ **Kontakt:**
Erding: Tel. 08191/409-421, www.erdinger.de; Aying: Tel. 08095/88 90; www.ayinger.de; Freising: Tel. 08161/53 60, www.weihenstephaner.de; Paulaner München: Tel. 089/480 05-871, www.paulaner.de

■ **Führungen/Anmeldung:**
Siehe Text und Übersicht

■ **Anfahrt:**
Mit dem Auto: Ab München-Mitte: Erding 39 km; Aying 30 km; Freising 42 km; Paulaner 2 km.
Mit den Öffentlichen: Erding: S2; Aying: S7; Freising S1; Paulaner U1/2

■ **Karte:**
Stadtplan München; Marco Polo 1:200 000, Bayern Süd

■ **Einkehr:**
In den jeweiligen Brauereigasthöfen

Brauereiführungen sind beliebt – nicht zuletzt an Regentagen, und deshalb werden im Folgenden vier namhafte Brauereien vorgestellt. Allerdings ist das Hauptthema der Rundgänge so gut wie überall gleich: Es geht um die Stationen des Bierbrauens.

Braurezeptur Jedes Bier entsteht in gleichen, festliegenden Arbeitsgängen, die aber in sich Unterschiede aufweisen, je nach Biersorte. Ausgangsstoffe waren und sind gemäß Reinheitsgebot von 1516 Wasser, Malz und Hopfen. Erst später kam die Hefe dazu. Der Brauvorgang beginnt mit dem Keimen der Gerste. Wenn das daraus entstehende Grünmalz getrocknet und geschrotet ist, wird es eingemaischt: Das Malz wird mit Wasser vermischt, erhitzt und permanent gerührt. Getreidestärke wird zu Malzzucker umgewandelt, danach trennt man die Malzrückstände (Treber) vom Sud und erhält nun flüssige Bierwürze. All das geschieht im Sudhaus, dem Herzstück der Brauerei. Jetzt wird die Würze im Sudkessel unter Zugabe von Hopfen gekocht, erneut gefiltert und dann abgekühlt. Mit Zugabe von Hefe beginnt der Gärungsprozess, und aus dem Würzezucker entsteht Alkohol. Seine endgültige Reife erhält das Bier in der anschließenden Lagerung, danach wird es abgefüllt. Das in etwa ist Inhalt der Führungen, manchmal liefert ein Film oder ein Museum zusätzliche Informationen, bei allen aber wird das Interesse für die Brauerei mit einer deftigen Brotzeit und einer kleinen Bierprobe belohnt.

Die erste Station der Brauereiführung in Aying demonstriert die Wichtigkeit der Rohstoffe für das Bier: Wasser, Gerste oder Weizen sowie Hopfen und Malz.

Die Brauereien im Kurzprofil

Erdinger Weißbräu: Die Braustätte ist Heimat für das berühmteste Weißbier der Welt. Von Dienstag bis Samstag kann die Anlage bis zu dreimal täglich besichtigt werden (Dauer je 3 Std., max. 60 Personen je Gruppe). Anmeldung vorher erforderlich, spätestens am selben Tag bis 11.30 Uhr. Am Samstag ist eine Anmeldung nicht mehr möglich.

Brauerei Aying: Klein, aber fein – die Ayinger Anlage gilt als eine der modernsten Privatbraustätten Europas: Alles läuft computergesteuert ab. Vom Magazin *Ökotest* wurde 2009 das Ayinger Jahrhundertbier unter 46 Sorten als bestes Bier Deutschlands gekürt. Tagsüber findet nur dienstags, samstags und sonntags eine Führung statt (2 Std.; Anmeldung nicht erforderlich). Eine weitere öffentliche Führung erfolgt an jedem ersten Sonntag im Monat in Verbindung mit einem Frühschoppen; hier ist eine Anmeldung angeraten.

Blick ins Sudhaus der Paulaner Brauerei in München: Hier passieren die entscheidenden Vorgänge bei der Herstellung der Biere.

Staatliche Brauerei Weihenstephan: Ihr besonderes Markenzeichen: Sie ist die älteste noch betriebene Brauerei der Welt und bietet Montag bis Mittwoch einen Blick (1–2 Std.) hinter die Kulissen. Gruppen (max. 40 Personen) sowie Einzelbesucher müssen sich vorher anmelden (Anschluss 7.30–16 Uhr besetzt; es reicht auch ein Anruf noch am selben Tag).

Paulaner Brauerei München: München besitzt eine ganze Reihe namhafter Brauereien; eine der traditionsreichsten und größten ist die Anlage von Paulaner an der Falkenstraße 11. Fünfmal die Woche und zweimal am Tag werden Besuchergruppen (10–30 Personen) für 1.30 Stunden durch die Produktionsräume geführt, müssen sich jedoch auf jeden Fall vorher anmelden. Auch hier reicht es, noch am Tag des Besuchs anzurufen, und zwar bis spätestens 11 Uhr. Danach ist der Anschluss nicht mehr besetzt.

Öffnungszeiten im Überblick

	Anmeldung	Mo	Di	Mi	Do	Fr	Sa	So*
Erdinger Weißbräu	ja		10 h 14 h 18 h	10 h 14 h 18 h	10 h 14 h 18 h	10 h 14 h 18 h	10 h 14 h	
Brauerei Aying	nein		11 h		18 h		10 h	10 h*
Weihenstephan	ja	10 h	10 h 13.30 h	10 h				
Paulaner München	ja	12.30 h 15.30 h	12.30 h 15.30 h	12.30 h 15.30 h	12.30 h 15.30 h	12.30 h 15.30 h		

* nur jeden 1. So im Monat

16 Thermen- und Saunaparadies für Genießer

Die THERME ERDING – Nr. 1 in Europa

Längst ist man von schmucklosen Einheitsbädern abgekommen und baut allenthalben traumhafte Badelandschaften. Die THERME ERDING aber übertrifft alles Dagewesene! Dort präsentiert sich ein Thermenpalast, dessen Ausstattung neue Maßstäbe setzt – in Vielfalt, Dimension und Exklusivität. Alle Voraussetzungen für das Wohlbefinden sind hier gegeben!

■ Adresse:
THERME ERDING, Thermenallee 1, 85435 Erding
■ Kontakt:
Tel. 08122/22 70-0, www.therme-erding.de, thermen.service@therme-erding.de
■ Öffnungszeiten:
Täglich 10–23 Uhr, Sa/So/Fei/Ferien 9–23 Uhr
■ Anmeldung:
Für Einzelpersonen und Familien nicht erforderlich
■ Anfahrt:
Mit dem Auto: 35 km ab München-Mitte; B 388 bis Erding, dann den Schildern folgen
Mit den Öffentlichen: S2 bis Altenerding, von dort 1 km Fußweg (s. Karte) oder mit den Bussen 550, 560 oder (Wochenende) 570
■ Karte:
Marco Polo 1:200 000, Bayern Süd
■ Einkehr:
Mehrere Restaurants in der THERME ERDING

Blick ins Thermenparadies bei geöffneter Kuppel; exotische Palmen rund ums über 30 °C warme Thermalbecken vermitteln Südsee-Feeling.

Gesamtanlage der THERME ERDING Die Anlage in Erding hat den Olymp erklommen – sie ist das größte Thermalbad in ganz Europa. Und wahrhaftig: Der gigantische Komplex umfasst nahezu 150 000 Quadratmeter mit rund 3500 Quadratmetern Wasserfläche, 22 Becken und Hunderten von fantasievollen Anlagen und Apparaturen. Ein Superlativ folgt dem anderen, jedes Ausstattungselement scheint das andere an Kreativität und Luxus übertreffen zu wollen. Diese Fülle und Dichte der Einrichtungen imponieren auf der einen Seite, sie können aber auch verwirren. Bei den ersten Besuchen ist die Gesamtanlage nur schwer überschaubar. Dies umso mehr, als die Hauptbereiche nicht frei durchgängig, sondern nur mit Aufzahlung und manchmal nur auf verschlungenen Wegen erreichbar sind.

Doch das kann den Gesamteindruck der Anlage und ihr besonderes Format nicht schmälern. Auch die Stiftung Warentest hat schon 2001die herausgehobene Stellung der Therme gewürdigt und den Titel »Beste Therme Deutschlands« nach Erding vergeben. Eröffnung feierte die Therme übrigens im Oktober 1999. Seit damals wurden nicht nur über 100 Millionen Euro investiert, sondern auch über zehn Millionen Menschen gezählt, die das Bad besuchten. Heute sind es im Schnitt 4000 bis 5000 Besucher täglich, an Spitzentagen strömen unglaubliche 10 000 herbei.

Das Röhrengewirr im Rutschenparadies Galaxy.

Angesichts solcher Größenordnungen erscheint es recht aussichtslos, alle Einrichtungen der Therme in diesen paar Zeilen beschreiben zu wollen. Deshalb werden die Hauptbereiche der Therme, also das Thermenparadies mit VitalOase, das Rutschen- und das Saunaparadies sowie die Gastronomie nur in groben Zügen dargestellt. Wer es genauer wissen will, der muss auf Unterlagen der Therme zurückgreifen – oder einfach hingehen.

Das Thermenparadies in Erding im Abendlicht und bei geöffneter Kuppel. Rechts das Thermalbecken im Thermenparadies, u. a. mit Whirlpool, Quelltopf und Strömungskanal, links die VitalOase.

Kulisse einer Traumwelt: Die große Saunahalle der Erdinger Therme, das Herzstück im Saunaparadies.

GALAXY In dem von einer riesigen Kuppel überspannten Rutschenparadies der Therme (8500 m²) trifft man auf die ersten Superlative. 16 Hightech-Bahnen sind hier auf verschiedenen Höhen angelegt, ihre Gesamtlänge beträgt 1400 Meter. Damit ist GALAXY Erding die größte Rutschenwelt Europas. Wer den absoluten Kick sucht, stürzt sich mit Kamikaze (Sturzflug) oder High Fly (Wasserschanze) in die Tiefe. Andere Röhren, wie Magic Eye (längste Reifenrutsche Europas) oder Wild River (Wildwasserfahrt), versprechen zwar Action, verzichten aber auf Extremeinlagen. Familien mit Kindern finden u. a. auf der Triple Slide (Dreierrutsche) und der Good Vibration (Wackelrutsche) geeignete Bahnen.

Thermenparadies Das Herzstück der Gesamtanlage mit angeschlossener VitalOase misst zusammen 9000 Quadratmeter und wird ebenfalls von einer Glaskuppel überspannt, die halb geöffnet werden kann. 34 bis 40 °C warmes Thermal-Heilwasser aus 2350 Metern Tiefe lädt auf einer Fläche von 2600 Quadratmetern zum Baden ein, Palmen und exotischen Pflanzen vermitteln Karibikflair, zusätzlichen Genuss versprechen Sprudelliegen, ein Whirlpool, Massagedüsen und Nackenduschen, außerdem ein Strömungskanal, ein Wasserfall und eine Poolbar.

In der VitalOase steht die Gesundheit im Mittelpunkt, die u. a. durch drei einzigartige Vitalquellen, angereichert mit Mineralien wie im Toten Meer, Selen-Jod und Kalzium, sowie durch drei Textilsaunen und wunderschöne Ruhezonen gefördert werden soll.

Saunaparadies Stattliche 12 900 Quadratmeter ist dieser Bereich groß und stellt damit einen Weltrekord auf: die größte Saunaanlage der Welt! Vergessen Sie alles, was Sie bisher über Sauna wussten. Die Saunawelt in Erding eröffnet neue Perspektiven, sowohl was die Ausmaße anbelangt als vor allem auch die luxuriöse Gestaltung und Ausstattung. Wählen Sie unter rund 90 verschiedenen Aufguss- und Wellnessangeboten, in oder außerhalb des Glaspalastes. Darunter eine Keltenthronsauna, eine wunderschöne mediterrane Sauna, die Villa Toskana, eine asiatische Meditationssauna, ein römisches Dampfbad sowie mehrere finnische Saunen, drei Saunen am See, mehrere Solarien und ein solehaltiges Salzsteinzimmer.

Gastronomie in der THERME ERDING Leib und Seele halten nicht nur Thermalwasser und Sauna zusammen, sondern auch Essen und Trinken. Jeder der großen Bereiche hat deshalb ein eigenes Restaurant, das mit anspruchsvoller Küche verwöhnen möchte. So das »La Cucina« oder das »Palazzo Veneziana« im Saunaparadies, das »Kulinarium« in der VitalOase oder das »Caribbean's« im Thermenparadies.

Faszinierender Blick von oben auf die Therme in Erding: In der Mitte die zwei großen Kuppeln von Rutschen- (re.) und Thermenparadies (Mitte). Hinter den Glasfronten links verbirgt sich das Saunaparadies.

17 Kurze Weltreise zu Meisterwerken der Malerei

Imaginäre Sammlung in Wasserburg

Das Imaginäre Museum in Wasserburg zeigt über 500 Meisterwerke der Malerei. Das Besondere daran: Es sind einzigartige Kopien, deren Aussagekraft die der Originale fast erreichen. Um alle Bilder im Original sehen zu können, wäre eine Weltreise zu den verschiedenen Museen in aller Herren Länder nötig. In Wasserburg kostet diese Reise nur zwei Stunden und ein paar Euro.

Adresse:
Imaginäres Museum, Bruckgasse 2, 83512 Wasserburg a. Inn

Kontakt:
Tel. 08071/43 58, www.imaginaer.wasserburg.de, info@stadt.wasserburg.de

Öffnungszeiten:
Mai–Sept. Di–So 13–17, übrige Monate 13–16 Uhr, 2. Dezemberhälfte und Januar geschlossen

Anmeldung:
Für Einzelpersonen nicht erforderlich

Anfahrt:
Mit dem Auto: 55 km ab München-Mitte; B 304 über Ebersberg bis Wasserburg-Zentrum (s. Karte).
Mit der Bahn: München–Wasserburg in regelmäßigen Abständen mit RE/RB über Grafing und S4/Bus 9421 über Ebersberg; Fahrzeiten 1–2 Std.

Karte:
Marco Polo 1:200 000, Bayern Süd

Einkehr:
In Wasserburg: Weißes Rössl (Herrengasse), geöffnet nur Mi–Sa mittags und abends; Fletzinger (Fletzingergasse) mit Biergarten

»Die Frau des Königs« von Paul Gauguin (1848–1903). Der französische Künstler war u. a. Maler und Bildhauer. Das Bild hängt im Puschkin-Museum in Moskau.

Hintergründe der Dietz-Replik Hauptinitiator aller Aktivitäten rund um das Imginäre Museum in Wasserburg einschließlich seiner Gründung war der Maler und einstige Meisterschüler der Staatlichen Akademie in Leipzig, Günter Dietz (gestorben 1995). Früh schon hatte er den Ehrgeiz, ein Druckverfahren zu entwickeln, mit dem Repliken von Gemälden, also Kopien, hergestellt werden konnten, die so gut wie nicht mehr vom Original zu unterscheiden waren. Die Herstellung von Kopien an sich war schon bekannt. Bereits Lucas Cranach (1472–1553) experimentierte da-

mit, und auch in den folgenden Jahrhunderten wandten Künstler klassische Reproduktionsmethoden an. Dietz studierte diese Technik u. a. in Paris und schuf schließlich ein unverwechselbares Verfahren, die sogenannte Original-Dietz-Replik, die über die Grenzen hinaus Anerkennung gefunden hat, auch in Künstlerkreisen. Überhaupt war die Zusammenarbeit mit Künstlern ein wesentliches Element seiner Arbeit, weil beide Seiten davon profitierten. In manchen Fällen entstand daraus sogar Freundschaft, wie z. B. mit Friedensreich Hundertwasser.

Die Technik der Replik, eine künstlerische Variante des Siebdrucks, ist komplex. Hier sei nur so viel verraten: Verwendet werden Originalmaterialien, etwa Leinwand und Farben. Mithilfe von bis zu 180 Schablonen werden die einzelnen Farbschichten

Das wunderschöne Bild »Promenade bei Argenteuil« stammt von Claude Monet (1840–1926), dem französischen Hauptvertreter des Impressionismus.

»Irinaland über dem Balkan« nennt sich das Bild aus der Kassette REGENTAG, das der österreichische Künstler Friedensreich Hundertwasser gemalt hat.

Links: Von Gustav Klimt (1862–1918) stammt das Bild »Hygieia«; das Original fiel 1945 den Flammen zum Opfer.

Rechts: »Grand Profil« hat Pablo Picasso (1881–1973) dieses Bild genannt. Es gehört zur Kunstsammlung Nordrhein-Westfalen.

aufgetragen und ergeben schließlich ein nahezu identisches Abbild des Originals. Damit hat sich der Traum von Günter Dietz erfüllt, Kunst zu »demokratisieren«, sprich als Gemeingut zu verstehen und auch für Leute zugänglich zu machen, die sich einen Besuch im Louvre in Paris nicht leisten können. Heute wird das Unternehmen Dietz einschließlich Museum von seiner Familie weitergeführt.

Staunenswerte Sammlung Gegründet wurde das Museum 1979, und noch heute ist es als »Museum der Museen« in seiner Art einmalig auf der Welt. Untergebracht wurde es im spätmittelalterlichen Spitalgebäude am Brucktor, einer der ältesten Baugruppen Wasserburgs. Ein Druckexperte aus München hat einmal gesagt, das Museum sei »ein Glücksfall, etwas ganz Besonderes, ein Glanzlicht für Wasserburg …« Zu hoffen bleibt nur, dass diese Einschätzung auch die Überlegungen leitet, die in den nächsten Jahren zur Modernisierung des Museumkonzepts angestellt werden müssen.

Licht und Farbe hat August Macke (1887–1914) genial zu handhaben gewusst, wie bei den »Vier Mädchen«.

Das Museum nimmt vier Ebenen ein. Im Erdgeschoss liegen der Eingang und ein Informationsraum, wo ein 20-minütiger Film »Auf den Spuren eines Traums« den Rundgang vorbereitet. Auch die Geschichte der Schablonentechnik wird im Erdgeschoss dargestellt. Der »Männersaal«, größter Raum des Museums, präsentiert vor allem Werke der klassischen Moderne, u. a. von Picasso, Chagall, Dalí und Max Ernst. Im ersten Obergeschoss sind Repliken von Hundertwasser ausgestellt, u. a. seine berühmte Mappe »Regentag«, aber auch Bilder von Macke und Gauguin sowie Ikonen in einem kleinen Extraraum.

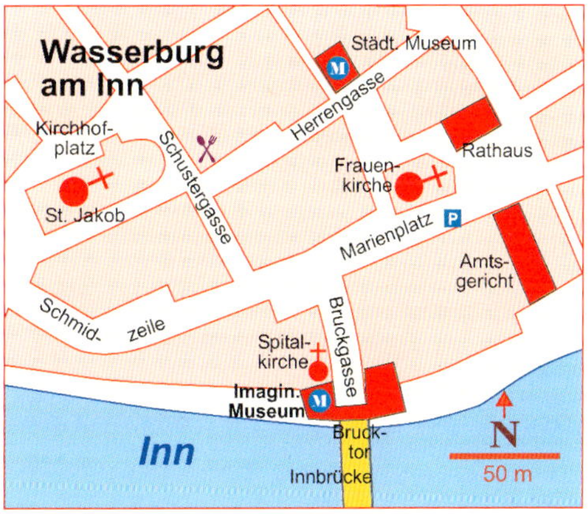

Das zweite Obergeschoss wird beherrscht von »Alten Meistern« wie van Goyen, Vermeer und Brueghel, aber auch Bürkel oder Spitzweg. Ein anderer Raum gehört den Impressionisten wie Monet, Degas oder Renoir. Im Treppenhaus hängen Repliken der Albertina Wien oder des Pariser Louvre, die dort unter Verschluss und öffentlich nicht zugänglich sind.

Bleibt noch das dritte Obergeschoss, wo ein Raum der modernen Malerei, der sogenannten PopArt, gewidmet ist. Die Namen dieser Künstler werden den meisten Besuchern nicht viel sagen, auch nicht in dem großen Raum, der nationalen naiven Malern vorbehalten ist. Schön anzuschauen sind die Werke allemal.

Anzumerken ist noch, dass man die Repliken nicht nur studieren, sondern auch erwerben, ja sogar Bilder in Auftrag geben kann. Ein Picasso im Wohnzimmer – das wär doch mal was Neues.

»Dorfstraße in Auvers«, ein bekanntes Bild von Vincent van Gogh (1853–1890).

18

Gänsehautstimmung in der Steiner Höhlenburg

Dichtung und Wahrheit – die Mär von Heinz dem Wilden

Wir wandeln auf den Spuren des Raubritters Heinz von Stein, eines wilden Gesellen von hünenhafter Gestalt und furchterregenden Zügen. Der Sage nach hauste er in der Höhlenburg und verbreitete allenthalben Angst und Schrecken. Sein Geist weht noch heute durch die düsteren Räume der Burg, die als größte und besterhaltene ihrer Art in Deutschland gilt.

■ Adresse:
Höhlenburg Stein, 83371 Stein a. d. Traun

■ Kontakt:
Info/Buchung: Tel. 08621/2501; Burgführer Tel. 08621/5984, www.steiner-burg.de, erichwernhoefer@web.de
Führungen:
Erst ab 5 Personen. 1.4.–3. So/Okt. Di–So je 14 Uhr, 15.7.–15.9. zusätzlich 16 Uhr; Treffpunkt am Eingangstor zum Unteren Schloss

■ Anmeldung:
Vorab telefonische Anfrage empfehlenswert; erforderlich sind festes Schuhwerk, ein warmes Oberteil (Höhlentemperatur ca. 10–12 °C) und eine Taschenlampe.

■ Anfahrt:
Mit dem Auto: 85 km ab München-Mitte; B 304 über Ebersberg, Wasserburg und Altenmarkt bis Stein (s. Karte)
Mit der Bahn: München–Traunstein, weiter mit dem Bus (ca. stündlich) nach Stein a. d. Traun

■ Karte:
Marco Polo 1:200 000, Bayern Süd

■ Einkehr:
In Stein an der Traun: Brauereigasthof Martini (Hauptstraße) mit Wintergarten, Mo Ruhetag

Linke Seite: Vom Innenhof des Neuen Schlosses und vom Hochschloss aus sieht man die drei eigenständigen Schlossbauten: Unten das Untere Schloss mit Haupttrakt und Wohngebäuden für SchülerInnen, oben Teile der Schlosskapelle (re.), auf halber Höhe die Felsenburg und oben das Hochschloss.

Dichtung und Wahrheit Wer das Schloss in Stein an der Traun besuchen will, sollte vor allem zwei Dinge wissen: Zum einen handelt es sich um kein übliches Schloss, sondern um eine Anlage, die praktisch aus drei eigenständigen Schlossbauten besteht, dem Unteren Schloss am Fuß der Nagelfluhwand (heute Sitz eines staatlich anerkannten Gymnasiums mit Internat), der unbewohnten Höhlenburg auf halber Höhe und dem Hochschloss ganz oben, ebenfalls nicht mehr bewohnt. Bewusst machen muss man sich auch, dass in der Historie des Steiner Schlosses ein Gemenge von Legende und Wirklichkeit vorherrscht. So besteht für die Schlossanlage durchaus ein realer geschichtlicher Hintergrund, etwa was Baugeschichte und dort residierende Adelsgeschlechter betrifft, während die Höhlenburg untrennbar mit der Sage um den wilden Ritter von Stein verbunden ist, dessen Existenz und Lebenslauf freilich nirgendwo urkundlich erwähnt werden.

Kurze Baugeschichte Es war die Zeit um 1100, als die erste Burg, wohl an der Stelle des Hochschlosses, entstand. Ansässig waren dort die Edelfreien von Stein, die später von den Toerring zu Stein abgelöst wurden. Letztere waren es auch, die im frühen 15. Jahrhundert das Untere Schloss und erste Teile der Höhlenburg erbauen ließen. Wenig später wurde die Höhlenburg erweitert und verstärkt. Grund dazu hatten die Toerring allemal, denn die Schlossanlage war schon mehrfach belagert, erstürmt und in Teilen zerstört worden. Während die Anlage nach den Kriegszerstörungen jeweils wieder aufgebaut wurde, vermutet man bei der Höhlenburg, dass sie im Lauf des 17. Jahrhunderts aufgegeben und auch von den Freiherren von Lösch, die 1661 die Anlage übernommen hatten, nicht mehr genutzt wurde. Während im 19. Jahrhundert noch mehrere adelige Besitzer folgten, ist heute die gesamte Burganlage Eigentum der Schlossbrauerei Stein.

Eine Ritterrüstung in der Höhlenburg Stein, wie sie auch vom Ritter Heinz von Stein getragen wurde.

Die Mär von Heinz dem Wilden Neues Leben wurde der Felsenburg eingehaucht, als im 18. Jahrhundert die Legende von Heinz dem Wilden aufkam. Aus einzelnen Besuchern zu Anfang ist bis heute ein richtiger Besucherstrom geworden, der vor allem im Sommer die Höhlenburg ansteuert – wegen Heinz von Stein. Die Sage über ihn existiert in mehreren Versionen. Eine besagt, dass er während eines Streifzugs Waltraud, die Tochter des alten Graveneckers, Meier von Trostberg,

Die Ebene der Wohngebäude in der Höhlenburg von Stein.

z. B. auf Hängebrücken oder an Netzen, Tauen, Strickleitern oder Kletterwänden – allesamt ohne festen Boden unter den Füßen. Bei Übungen solcher Art, sprich in 10 bis 15 Metern Höhe ohne Netz und doppelten Boden und auf schwankendem Untergrund muss die Sicherheit eine herausragende Rolle spielen. Deshalb verzichten die Verantwortlichen auch auf eigenverantwortliche Maßnahmen der Teilnehmer. Vielmehr legt man den Leuten eine Kletterweste und ein Sicherungsseil an und klinkt das Seil in ein Laufschienensystem ein. Es ist oberhalb der Kletterstrecke angebracht und lässt das Halteseil des Kletterers auf ganzer Strecke mitlaufen, ohne das es an Übergängen umgeklinkt werden muss. Verliert ein Teilnehmer den Halt, kann er maximal einen halben Meter absacken, hängt dann in seinem Seil und kann sich wieder hochziehen. Die feste Verbindung mit der Laufschiene hat aber auch zur Folge, dass der Teilnehmer unterwegs nicht aus- und absteigen kann, sondern auf dem ganzen Parcour mit der Schiene verbunden bleibt. Er ist allerdings nicht gezwungen, alle Übungen zu absolvieren, sondern kann Stationen zwischen den Plattformen überspringen.

Blick in einen grob gehauenen Raum der Steiner Höhlenburg; gut zu erkennen ist das Nagelfluhgestein der Wände und Decke.

Ein erfahrener Trainer steht an der Startrampe, gibt den Start zur ersten Übung frei und kontrolliert wiederum, wenn der Teilnehmer die Anlage verlässt. Er überwacht auch die einzelnen Klettergänge und kann sofort eingreifen, sollte einmal eine brenzlige Situation entste-

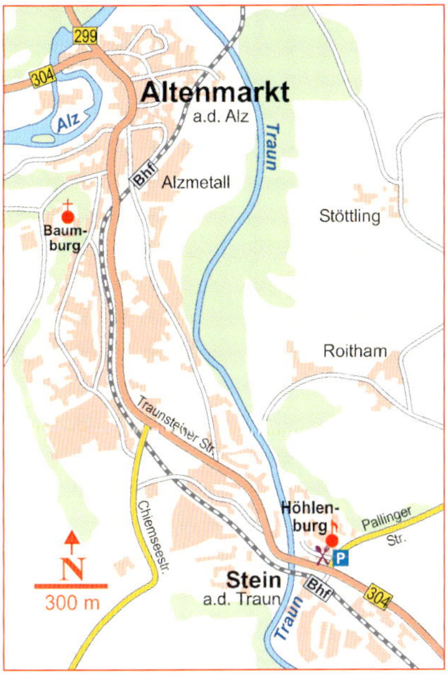

Verlauf man ein Gefängnis passiert und über eine weitere Treppe die Ebene der sogenannten Wohnräume erreicht. Im schmaleren Trakt linker Hand kann man einen Blick in den Gerichtssaal werfen, danach in einen 25 Meter tiefen Brunnen und am Ende in das Waltraudzimmer, auch »Wohnzimmer für geraubte Mädchen« genannt, blicken. Dahinter liegt die Burgküche. Auf der rechten Seite der nun breiteren Wohnebene gibt es einige Räume, u. a. den Tanz- und Rittersaal sowie einen Aufenthaltsraum, der von Heinz von Stein angeblich sehr häufig genutzt wurde. Einige dieser Räume besitzen Fensteröffnungen und Schießscharten. Vor dem Rittersaal liegt im hinteren Teil der Wohnebene die Folterkammer, von der aus ein grob gehauener Stollen über steile Treppenstufen rund 50 Meter hinaufführt in den Burghof des Hochschlosses. Von diesem Stollen gehen unterwegs zwei als Fluchtweg gedeutete Gänge ab, die jedoch nur wenige Meter tief sind. Im Hochschloss endet der Rundgang, und man kann den schönen Tiefblick auf den Ort und seine Umgebung genießen.

Oben: Das Hochschloss in Stein, in dessen Höfen der Rundgang endet.

Unten: Nach kurzem Abstieg ins Dorf kehrt man im Brauereigasthof Martini ein und lässt die Geisterstunde in der Höhlenburg noch einmal Revue passieren.

19 Vom Lokschuppen zum Kunsttempel

Exzellente Ausstellungen in Rosenheim

Einst Rosenheimer Bahnhof, später Lagerhaus, Stadtarchiv und Turnhalle, mauserte sich das alte Lokomotivendepot zu einem der schönsten Kunst- und Messezentren Bayerns und glänzt seit 20 Jahren mit aufsehenerregenden Sonderausstellungen.

■ Adresse:
Lokschuppen Rosenheim, Rathausstr. 24, 83022 Rosenheim

■ Kontakt:
Tel. 08031/365 90 36, www.kuko.de, lokschuppen@rosenheim.de

■ Öffnungszeiten:
Mo–Fr 9–18, Sa/So/Fei 10–18 Uhr

■ Anmeldung:
Nicht erforderlich

■ Anfahrt:
Mit dem Auto: 70 km ab München-Mitte; A 8 bis AS Rosenheim, dann auf der B 15 in die Stadt (s. Karte). Mit der Bahn: München–Rosenheim, ab Bahnhof ca. 600 m Fußweg

■ Karte:
Marco Polo 1:200 000, Bayern Süd

■ Einkehr:
Im Lokschuppen: Bistro Café. In Rosenheim: Gasthaus Stockinger und Café Wendl am Max-Josefs-Platz

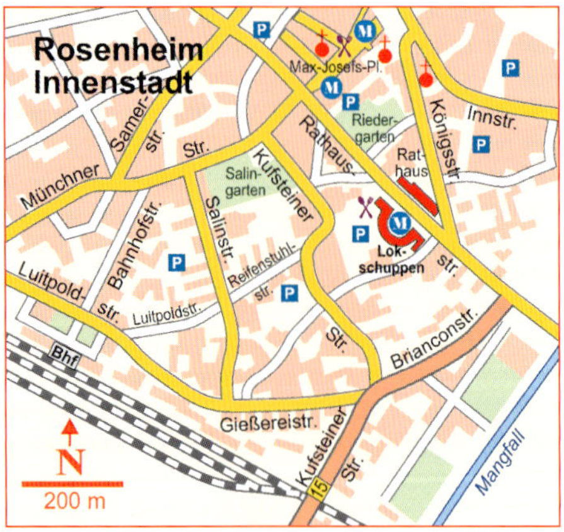

Eckpunkte der Entwicklung 1851 wurde Rosenheim Station auf der Bahnstrecke München–Salzburg. Am heutigen Platz des Lokschuppens entstand ein Bahnhof und ihm gegenüber das Bahnhofsgebäude, heute das Rathaus. 20 Jahre später hatte der alte Bahnhof ausgedient, und ein neuer entstand dort, wo er sich auch heute noch befindet. Die Stadt erwarb die alte Anlage und nutzte sie zu diversen Zwecken. Es kam zu Um- und Anbauten, auch bedingt durch zwei Brände, bis 1986 ein Beschluss dem unruhigen Dasein des alten Baus ein Ende setzen sollte: Die Landesausstellung »Die Bajuwaren 488–788« sollte z. T. im Lokschuppen gezeigt werden. Er wurde umgebaut, und zwar so gekonnt, dass ihn der Bund Deutscher Architekten prämierte. Nach der Landesausstellung übernahm die Veranstaltungs- & Kongress GmbH Rosenheim (VKR) den weiteren Betrieb des Lokschuppens.

Das Ausstellungsprogramm Neben kleineren Regional- und Spezialmessen oder Märkten finden seit der Bajuwaren-Ausstellung immer wieder prächtige Jahresausstellungen statt, die nicht nur wissenschaftlich untermauert, sondern auch kreativ gestaltet sind. Im Jahr 2010 waren die Gewürze dran, sie erzählten dem Besucher von »sinnlichem Genuss und lebendiger Geschichte«. Davor wurden »Dinosaurier – die Giganten Argentiniens« gezeigt, das Jahr 2008 war dem Adel in Bayern gewidmet und 2007 kamen die »Maya«-Könige aus dem Regenwald nach Rosenheim. An diesen Titeln erkennt man schon, dass stets spannende Themen gewählt wurden. Faszinieren werden wohl auch die »Indianer«, die im Jahr 2011 im Lokschuppen Rosenheim ein Gastspiel geben.

Beim Besuch des Lokschuppens betritt man durch die beiden Eingangstüren das Foyer. Dort befinden sich u. a. Kasse, Garderobe, WCs, Shop und der Zugang zum Loc-Café Bistro. Und natürlich der Eingang zu den im Halbrund angeordneten Ausstellungsflächen, die insgesamt gut 1300 Quadratmeter groß sind.

Oben: Szene aus der Maya-Ausstellung 2007 im Lokschuppen Rosenheim.

Linke Seite: Blick von der Rathausstraße auf das Halbrund des Lokschuppens; gut erkennbar sind die früheren Einfahrtstore für Lokomotiven.

Unten: Besucher der Dinosaurier-Ausstellung bestaunen die Giganten aus Argentinien.

20 Schmucke Höfe zu neuem Leben erweckt

Wasmeiers Museum am Schliersee

■ **Adresse:**
Markus Wasmeier Bauernhof und Wintersportmuseum, Brunnbichl 5, 83727 Schliersee

■ **Kontakt:**
Buchungen unter Tel. 08031/807 84 37, www.wasmeier.de, veranstaltungen@wasmeier.de

■ **Öffnungszeiten:**
1.4.–7.11. (Leonhardifahrt Schliersee-Fischhausen Di–So/Fei 9–17 Uhr

■ **Anmeldung:**
Für Einzelpersonen nicht erforderlich; Führungen nur nach Anmeldung

■ **Anfahrt:**
Mit dem Auto: 58 km ab München-Mitte; A 8 bis AS Weyarn, dann St 2073 bis Miesbach und B 307 bis Schliersee (s. Karte)
Mit der Bahn: München–Neuhaus in kurzen Abständen, ab Bahnhof Neuhaus noch kurzer Fußweg

■ **Karte:**
Marco Polo 1:200 000, Bayern Süd

■ **Einkehr:**
Im Wasmeier-Museum: Gaststätte Beim Wofen mit Terrasse, Mo Ruhetag

Doppelolympiasieger Markus Wasmeier erfüllt sich einen Traum: Schon früh der bäuerlichen Tradition verpflichtet, will er eine Reihe vom Verfall bedrohter Höfe im Oberland abreißen und in Schliersee Stein für Stein wieder aufbauen lassen. Vier Höfe stehen bereits. Er nennt sein im Entstehen begriffenes Bauernhofmuseum liebevoll »Das altbayerische Dorf«.

Historische Grundzüge Das Schlierseegebiet ist altes bäuerliches Kulturland. Während seine Bewohner im späten Mittelalter unter Enteignungen durch Kirche und Adel zu leiden hatten und ein karges Leben führen mussten, besserte sich im 18. Jahrhundert die Lage der Menschen, und die Gemeinde begann aufzublühen. Sie nahm Anteil am wirtschaftlichen Fortschritt und errang schon im 19. Jahrhundert erste Erfolge auf dem Weg zu einem bekannten Fremdenverkehrsort und einer stattlichen Marktgemeinde.
Trotz alledem: Das Leben der Schlierseer Bauern und Handwerker war in den letzten Jahrhunderten kein Zuckerschlecken, wiewohl es auch damals Lebensqualität gab, aber ohne verklärende

Blick auf das Museumsdorf mit den Schlierseer Bergen im Hintergrund. Rechts das Wirtshaus Beim Wofen mit Brauereigebäude, in der Mitte Rieder und Lukashof und links hinten das Handwerkerhaus.

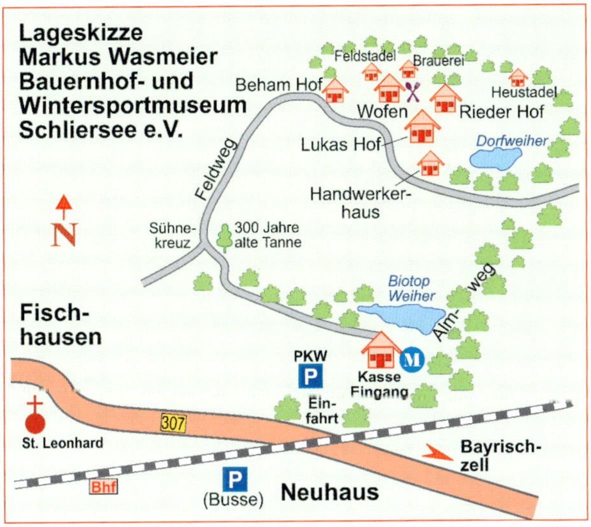

Idylle. So muss deutlich werden – wie Wasmeier auf seiner Homepage schreibt –, »dass nicht Romantik, Gemütlichkeit und Naturverbundenheit die dominierenden Faktoren des Lebens gewesen sind, sondern vielmehr endlos lange Arbeitstage, fehlende Privatsphäre, Kälte im Winter, Gestank im Sommer, Abhängigkeiten und gesellschaftliche Zwänge, Gewalt, Krankheit, Naturkatastrophen und Hunger …«

Konzept des Museums Eben diese Wirklichkeit ist es und nicht eine konstruierte Idylle, die im Museum unter dem Motto »Das altbayerische Dorf – Landleben wie es einst war« im Museum erhalten und aufgezeigt werden soll. Ein zweites Kriterium charakterisiert das Museum: Nicht eine Ansammlung lebloser Objekte will es sein, sondern ein betriebsamer Weiler mit Höfen, die bewirtschaftet werden, in denen sich bäuerliches Leben und praktiziertes Handwerk wie in früheren Zeiten abspielen. Zu sehen sind auch Haustierrassen, die z.T. vom Aussterben bedroht sind, sowie Bauerngärten mit Gemüsebeeten und Alpenkräutern. Auch selten gewordene Getreidearten, wie Flachs und Hanf, werden angebaut.

Rund zehn alte Gebäude sollen einmal in dem altbayerischen Dorf stehen, wenn es komplett

Beim Wofen ist mit seiner schmucken Balkonetage ein besonders ansehnlicher Hof. Er wird als Gastwirtschaft genutzt und ist stets gut frequentiert.

Der holzverkleidete Lukashof aus dem Tegernseer Tal hat einen Klostergarten und im Innern ein Strommuseum. Vorne links im Bild das Handwerkerhaus, hinten rechts der Rieder Hof.

aufgebaut ist. Fast eine Herkulesaufgabe, wenn man bedenkt, dass jeder einzelne Hof vor dem Abriss genauestens vermessen, dokumentiert und fotografisch belegt werden muss. Danach wird das Gebäude Teil für Teil demontiert, vom Dachstuhl über Türen und Fenster bis zu Wänden und Böden, alles wird numeriert, in Pläne eingetragen und dann zum neuen Standort transportiert. Dort erfolgt nun der Wiederaufbau des Hofs, eine nicht minder umfangreiche und komplexe Mission. Denn vollständig original lässt sich ein Gebäude meist nicht mehr errichten. Da sind Teile zerbrochen, alte Holzverbindungen morsch oder Dachschindeln nicht mehr dicht. All das muss nach altem Muster neu hergestellt und dokumentiert werden. Wenn der Hof dann schließlich steht, sind die Maler dran, die sich aber genau wie die Zimmerleute streng an das historische Original halten müssen. Den Schlusspunkt des Ganzen bildet die Inneneinrichtung, die naturgemäß nur ganz selten komplett übernommen werden kann, sondern möglichst stimmig ergänzt wird.

Zum Markus Wasmeier Bauernhof- und Wintersportmuseum gehört – wie der Name schon sagt – auch eine Sparte Wintersport. Sie hat sich zum Ziel gesetzt, die Entwicklung des Wintersports in den letzten 100 Jahren aufzuzeigen. Das Teilmuseum ist noch im Aufbau begriffen, ein kleiner Teil der Wintersport-Sammlung ist derzeit im Eingangsgebäude untergebracht.

Tipp

Vor oder nach dem Besuch des Museums lohnt auch ein Blick in die St.-Leonhard-Kirche von 1657 in Fischhausen. Sie wurde innen mit weißem Stuck und schwarz-goldenen Altären geschmückt und ist alljährlich am ersten Sonntag im November Ziel der Schlierseer Leonhardifahrt, einem der schönsten Kirchenfeste des Oberlands.

Bummel durch das Museum Wenn man die Kirche St. Leonhard in Fischhausen passiert hat, stößt man auf einen Bahnübergang; direkt davor geht es links zu einem kleinen Parkplatz. Das scheunenartige Gebäude dort ist Kasse und Museumseingang zugleich, und dort kann auch man einen ersten Blick auf die ausgestellten Wintersportgeräte werfen, darunter Originalstücke von Olympiaden oder Weltmeisterschaften. Das eigentliche Dorf, verborgen hinter einem Hügel, erreicht man auf einem westlich ausholenden Feldweg oder auf dem vom Eingang nach Norden verlaufenden Almweg.

Im Dorf angekommen, sind die vier bereits bestehenden Höfe und das Handwerkerhaus von besonderem Interesse. Älteste Anlage des Museums ist der Lukashof aus Finsterwald bei Gmund, der fast 500 Jahre alt ist. Er birgt ein Strommuseum, das die Entwicklung der Elektrizität in Oberbayern nachvollzieht. Obwohl schon um 1200 erstmals urkundlich genannt, repräsentiert der Rieder Hof die Epoche um 1730. Er stand einst in Geitau im Leitzachtal nahe Bayrischzell. »Beim Wofen« heißt ein Hof, der von Feldkirchen-Westerham hierher verlagert wurde und wohl um 1734 entstand. Früher anderweitig genutzt, dient er im Museum als Gastwirtschaft, wo der Besucher bayerische Brotzeiten genießen und im Hintergebäude Bier aus der 300-jährigen Schöpfbrauerei probieren kann. Unmittelbar westlich vom Wofen wurde im Sommer 2010 der Beham-Hof von 1665 aus Agatharied wieder aufgebaut.

Vor der Brotzeit sollte man noch einen Blick in das Handwerkerhaus werfen, wo eine Brennerei, eine Schmiede, eine Schreinerei und eine Schusterei untergebracht sind und von Handwerkern nach alten Arbeitsweisen betrieben werden.

Unten:
Erstes Bild: So oder so ähnlich sah es in einer bäuerlichen Küche früherer Jahrhunderte aus.

Zweites Bild: Viel Holz und gemütliche Sitzecken kennzeichneten manche Stuben, wie hier im Lukashof. Die Bewohner konnten sie aber kaum genießen, zu lang und schwer waren die Arbeitstage.

21 Im Ludwig-Thoma-Haus am Tegernsee

Besuch beim bayerischen Dichterfürsten

Ludwig Thoma gilt als der bedeutendste bayerische Volksdichter der neueren Zeit. Dass seine Büste in der Ruhmeshalle in München steht, ist Beweis dafür. Die letzten 14 Jahre seines wechselvollen Lebens hat er im Haus auf der Tuften verbracht, dessen Räume heute noch den Geist des Poeten und die Atmosphäre der damaligen Zeit ausstrahlen.

■ **Adresse:**
Ludwig-Thoma-Haus, Auf der Tuften 12, 83684 Tegernsee
■ **Kontakt:**
Tel. 08022/53 82, www.tegernsee.de
■ **Öffnungszeiten:**
Keine festen Öffnungszeiten
■ **Anmeldung:**
Besuch nur nach telefonischer Anmeldung
■ **Anfahrt:**
Mit dem Auto: 55 km ab München-Mitte; A 8 bis AS Holzkirchen, dann auf der B 318 bis Gmund und auf der B 307 bis Rottach-Egern. Am Ortseingang links in die Riedersteinstraße und nach 400 m rechts Richtung Tuften (Sackgasse, s. Karte). Mit der Bahn: München–Tegernsee(Ort) in kurzen Abständen, dann mit Bus (kurze Abstände) bis Rottach-Egern. Reststrecke (ca.500 m) zu Fuß
■ **Karte:**
Marco Polo 1:200 000, Bayern Süd
■ **Einkehr:**
In Rottach-Egern: Mesner Gütl (Seestr.) mit Seeterrasse, Mi Ruhetag. In Berg: Gasthof Angermaier mit Biergarten und Terrasse, Mo Ruhetag

Blick vom Garten des Anwesens auf das Ludwig-Thoma-Haus auf der Tuften.

Die Vita Ludwig Thomas Der bayerische Dichter Ludwig Thoma wurde nur 54 Jahre alt. 1867 in Oberammergau geboren, konnte er damals nicht ahnen, dass ihm ein unstetes, von Höhen und Tiefen geprägtes Leben bevorstand. Mitspielen sollte dabei seine schon früh aufkeimende Neigung, stets couragiert aufzutreten, immer den Finger auf die Wunde zu legen und vor allem die Doppelmoral der Obrigkeit anzuprangern. Nach Kinderjahren im Forsthaus Vorderriß, wechselvoller Schulzeit und Studium der Rechtswissenschaften wurde er

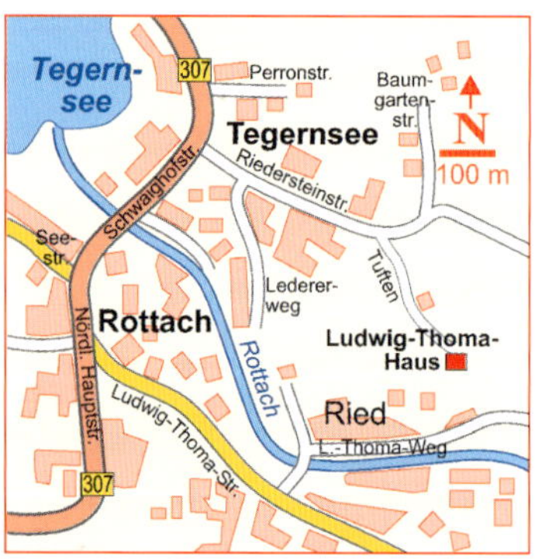

Rechtsanwalt und richtete 1894 seine erste Kanzlei in Dachau ein. 1897 wieder in München, kam er in Kontakt mit der satirischen Wochenzeitschrift *Simplicissimus* und wurde 1899 ihr Chefredakteur. Es folgten produktive Jahre, angefüllt mit Reisen und intensiver Autorentätigkeit. Nachdem er wegen Beleidigung eine kurze Gefängnisstrafe abgesessen hatte, heiratete er 1907 die philippinische Tänzerin Marion.

Das Bauernzimmer ist geprägt von zahlreichen Jagdtrophäen und einem wunderschönen Kachelofen.

Das Portrait des Volksdichters hängt im Bauernzimmer.

1908 war das Haus auf der Tuften fertiggestellt und wurde vom Ehepaar Thoma bezogen. Er war überglücklich und meinte, das sei »der schönste Platz, den er im ganzen Landl Tegernsee gesehen habe«. Doch die nächsten Tiefschläge ließen nicht lange auf sich warten. Wegen nicht vereinbarer Interessen ließ er sich 1911 wieder von Marion scheiden. Zu Beginn des Ersten Weltkriegs meldete er sich freiwillig als Sanitäter, wurde jedoch bald wegen Krankheit ausgemustert und nach Hause geschickt. Als Gipfel der Enttäuschung empfand er schließlich, dass der Krieg verloren wurde. Obwohl zutiefst vergrämt, entstanden in dieser Zeit neue Werke, aber auch Hetzartikel. Dann trat Maidi von Liebermann, mit dem schon Thoma 1904 Kontakt hatte, ein zweites Mal in sein

Rechts: Im Biedermeierzimmer des Hauses fallen kleine Möbelstücke dieses Stils sowie ein pompöser Kristallleuchter ins Auge.

Unten: Schönes Möbelensemble im Arbeitszimmer mit Bücherschrank und Schreibtisch, der aussieht, als sei Thoma nur mal eben kurz weggegangen.

Rechte Seite: Auch der rückwärtige Teil des Arbeitszimmers mit Sitzgruppe und Bücherwand ist wohlgeordnet und ansehnlich.

Leben, und eine neue Liebe flammte auf, fand aber bis zu seinem Tod im August 1921 keine Erfüllung mehr. Ludwig Thoma wurde in Rottach-Egern beigesetzt.

Im Haus auf der Tuften Heute wird das Thoma-Haus von der Landeshauptstadt München als Stiftung verwaltet. Ein Ehepaar betreut das Anwesen und hält Haus und Räume in Ordnung.

Ludwig Thoma hat auf der Tuften das gefunden, wonach er sich im Lauf seines unruhigen Lebens immer gesehnt hat: einen Ort der Behaglichkeit, der Gemütlichkeit, der Ruhe. Kein Wunder also, dass er in dieser Umgebung produktiv arbeiten und seinen Freundeskreis pflegen konnte. Zu ihm gehörten die Schriftsteller Ludwig Ganghofer ebenso wie Hermann Hesse, der Bildhauer und Architekt seines Hauses Ignatius Taschner, der Tenor Leo Slezak sowie Olaf Gulbransson, norwegischer Maler und Karikaturist.

Von einer geräumigen Diele (Vorhaus) mit dunkel gebeizten Möbeln und Sitzecke betritt man rechter Hand das Bauernzimmer. Zu dem urbayerischen Inventar gehören zahllose Geweihe und vergilbte Familienbildchen, ein schön verzierter Kachelofen sowie eine Sitzbank aus Kirschholz und mehrere große Tische. An der Tür hängen noch die Jagdutensilien, so, als sei der Hausherr gerade eben von der Jagd zurückgekommen. In diesem Raum trifft sich alljährlich eine Schar geladener Gäste, die gebannt der »Heiligen Nacht« lauscht, einer warmherzigen und stimmungsvollen Dichtung, die Thoma 1916 schrieb.

Der Bauernstube gegenüber öffnet sich das Biedermeierzimmer, in dem edle Möbel dieses Stils und ein pompöser Lüster ins Auge fallen. Einem Freund schrieb Thoma einmal: »Er [der Lüster] sieht so vornehm aus, dass ich mich ab und zu frage, ob es eigentlich wahr ist, dass mir das Alles gehört …«

Wenn man die schön geschwungene Treppe hinaufgestiegen ist, betritt man das Arbeitszimmer, in dem sein Schreibtisch, ein Bücherschrank und auf der Rückseite ein wunderschönes, prall gefülltes Bücherregal stehen, alles aus warmtonigem Kirschholz. Auf dem Schreibtisch liegen noch Brille, Schreibstifte und Pfeife, als wäre Thoma gerade zu einem Spaziergang ausgegangen und käme bald zurück.

Das Werk Thomas

Zu schreiben begann Thoma um 1895. Er schuf bis zu seinem Tod (1921) zahlreiche populäre Werke, die von Humor, Satire, mitunter auch von tiefem Ernst getragen sind. Hohen Bekanntheitsgrad erlangten u.a.: »Die Lokalbahn« (1901), »Lausbubengeschichten« (1905), »Tante Frieda« (1907), »Erster Klasse« (1910), »Ein Münchner im Himmel« (1911) und »Jozef Filsers Briefwexel« (1912), außerdem »Die kleinen Verwandten« (1916), »Heilige Nacht« (1916) und »Altaich« (1918) sowie »Der Jagerloisl« und »Der Ruepp« (1921). Als besonders gelungen gelten seine treffenden Schilderungen aus dem bäuerlichen und kleinstädtischen Milieu.

22 Rendezvous mit Europas Tierwelt

Artenvielfalt im Tiermuseum Lenggries

■ **Adresse:**
Tiermuseum, Bergweg 12, 83661 Lenggries
■ **Kontakt:**
Tel. 08042/25 10, www.tiermuseum-lenggries.de, info@tiermuseum-lenggries.de
■ **Öffnungszeiten:**
Mo–Fr 10–18, Sa 10–16, So und in den Ferien 10–16 Uhr
■ **Anmeldung:**
Für Einzelpersonen nicht erforderlich
■ **Anfahrt:**
Mit dem Auto: 63 km ab München-Mitte; A 8 bis AS Holzkirchen, von dort nach Holzkirchen und auf der B 13 über Bad Tölz nach Lenggries.
Mit der Bahn: München–Lenggries ca. stündlich, ab Bahnhof Lenggries noch gut 1 km Fußweg zum Museum (s. Karte)
■ **Karte:**
Marco Polo 1:200 000, Bayern Süd
■ **Einkehr:**
In Lenggries: Altwirt (Marktstr. 13) mit Straßenterrasse, Mo Ruhetag; Hotel-Gasthof Lenggrieser Hof (Münchner Str. 3) mit Terrasse, Do nur abends geöffnet

Was sich im Keller am Bergweg 12 in Lenggries verbirgt, ist das imponierende Lebenswerk der Eheleute Waldherr: 300 Säugetiere und 1200 Vögel, alle fein säuberlich präpariert, bilden das größte private Tiermuseum Deutschlands und repräsentieren den Artenreichtum der Fauna vom Gebirge bis zur Küste.

Interessantes über das Museum Es war wohl die Liebe zur Natur und zu den Tieren, die das Ehepaar 1973 veranlasste, mit dem Aufbau eines solchen Museums zu beginnen, um damit die Besucher ihrerseits auf die Vielfalt und Schönheit der Tierwelt aufmerksam zu machen. Und in der Tat: Ein Rundgang bietet Gelegenheit, die Tiere aus nächster Nähe und in allen Einzelheiten zu studieren, und zwar nicht nur allseits bekannte, sondern auch selten gewordene oder bereits ausgestorbene Exemplare.
1985–87 fand ein umfangreicher Ausbau des Museums statt. Die Räumlichkeiten wie auch die Präsentation der Tiere in großen Schaufenstern inmitten ihrer natürlichen Lebensräume wurden so angelegt, wie sie noch heute zu sehen sind. Zu erwähnen ist auch der Museumsladen, wo Trachtenbekleidung, Trachtenschmuck und Jagdutensilien zu erstehen sind.

Das größte Tierpräparat des Museums ist neben dem Elch und den beiden Wölfe ein riesiger Braunbär

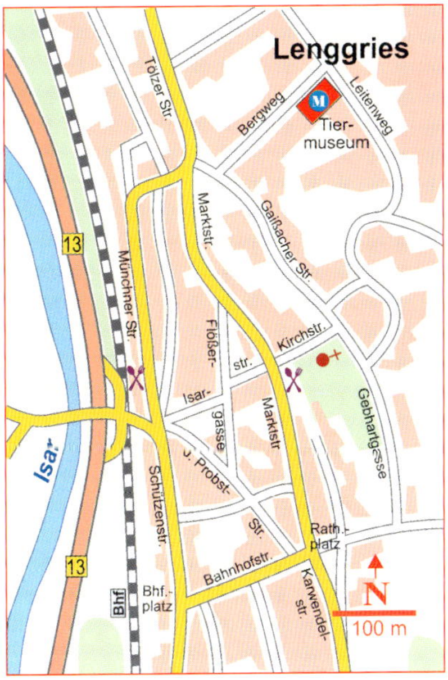

Vielfältige Tierpräsentation Das Kellergeschoss umfasst einen Vorraum gleich nach der Treppe, der übergeht in einen größeren Zentralraum rechts davon sowie in einen in Rechteckform verlaufenden Gang, der im Vorraum beginnt und dort auch wieder endet. Alle Räumlichkeiten sind mit Schaufenstern bestückt.

Im großen Fenster des Vorraums sind u. a. Steinwild, Schneefüchse, Steinadler und Uhus zu sehen. Die Fenster des Zentralraums zeigen u. a. Schwarzwild, Füchse, Dachse, Mufflons, aber auch Störche und Reiher, und gegenüber tummeln sich Wasservögel, Enten und Gänse, daran anschließend Rauhfußhühner und Eulen. Der erste Teil des Gangs ist vorwiegend den Vögeln gewidmet. Zu bewundern sind u. a. Kormorane, Bussarde und Falken, aber auch Singvögel. Im zweiten Teil des Gangs folgen wieder größere Fenster. Dort präsentieren sich u. a. Bären, Wölfe und Marderhunde, gegenüber sind diverse Arten von Geiern und Adlern ausgestellt, und wieder auf der rechten Seite gibt es ein Fenster mit Rotwild und Mardern.

Der dritte Teil des Gangs zeigt zum Abschluss hinter den Fenstern Singvögel, aber auch Habichte, Sperber und Kuckucksarten.

Oben: Ob sich das Rotwild im Wald bewusst ist, dass über seinen Köpfen angriffsbereite Luchse lauern?

Eine echte Naturschönheit ist nach wie vor der selten gewordene Eisvogel, der 2009 »Vogel des Jahres« in Deutschland war.

23

Walchens Seewasser als Quell des Lichtes

Oskar von Miller und das Walchensee- Kraftwerk

■ **Adresse:**
Walchenseekraftwerk, Informationszentrum, Altjoch 21, 82431 Kochel
■ **Kontakt:**
Tel. 08851/77-225, www.eon-wasserkraft.com, info.wasserkraft@eon-energie.com
■ **Öffnungszeiten:**
Täglich von 9–17 Uhr
■ **Anmeldung:**
Für Einzelpersonen nicht erforderlich; Gruppenführungen nur auf Anfrage
■ **Anfahrt:**
Mit dem Auto: 75 km ab München-Mitte; A 95 bis AS Sindelsdorf, dann über Bichl und die B 11 nach Kochel (s. Karte).
Mit der Bahn: München–Kochel-Bahnhof ca. stündlich, von dort noch ca. 5 km bis Altjoch (Bus ca. alle 2 Std. oder mit dem Taxi)
■ **Karte:**
Marco Polo 1:200 000, Bayern Süd
■ **Einkehr:**
Neben diversen Einkehrmöglichkeiten in Kochel gibt es auch ein Restaurant direkt am Infozentrum des Kraftwerks.

Rechte Seite:
Oben: Die riesigen, 400 m langen Druckrohre führen vom Wasserschloss zum Krafthaus hinab.

Unten: Blick in das 100 m lange Krafthaus mit den Turbinen links und den angekoppelten Generatoren rechts.

Am Ufer des Kochelsees gewinnt ein Speicherkraftwerk Strom aus dem vom Walchensee herabstürzenden Wasser. Die Anlage steht für Besucher offen, informiert über das Thema »Energie aus Wasser« und gewährt Einblicke ins zentrale Krafthaus.

Überblick über das Walchensee-Kraftwerk Es war die kühne Idee Oskar von Millers, Bauingenieur und Begründer des Deutschen Museums, die 1924 zum Bau des Speicherkraftwerks am Kochelsee führte. Damals eine technische Sensation, gilt das Werk mit einer Jahreserzeugung von 300 Millionen Kilowattstunden noch heute als eines der größten seiner Art in Deutschland. Seit 1983 ist es geschütztes Industriedenkmal.

Das Prinzip des Werks ist ebenso einfach wie genial. Vom rund 200 Meter höher gelegenen Walchensee läuft Wasser über ein Einlaufwerk mit Stollen zum Wasserschloss am Kesselberghang und stürzt von dort durch sechs Druckrohre in die Tiefe. Unten trifft es auf die acht Turbinen im Krafthaus und versetzt sie in Rotation. Diese Drehbewegung nutzen angekoppelte Generatoren und erzeugen Strom, u. a. für den Zugbetrieb der Deutschen Bahn.

Vom Krafthaus wird der Strom zum Transformatorenhaus geleitet, wo er von der Maschinenspannung auf Netzspannung transformiert und ins Netz eingespeist wird. Das Werk ist ein sogenanntes Spitzenlastkraftwerk. Es erreicht in Minutenschnelle seine Höchstleistung und arbeitet daher vor allem in Zeiten des Spitzenbedarfs. Hat das Walchenseewasser die Turbinen durchlaufen, strömt es über den Auslaufkanal in den Kochelsee.

Die ständige Wasserentnahme aus dem Walchensee würde auf Dauer seinen Wasserspiegel dramatisch absinken lassen. Deshalb hat man schon in der ersten Hälfte des letzten Jahrhunderts Vorsorge getroffen, indem man ihm Wasser aus Isar und Rißbach über die Kraftwerke Obernach und Niedernach zuführt.

Im Informationszentrum erfährt man alles Wissenswerte um die Wasserkraft, im Krafthaus kann man auf Tuchfühlung mit Turbinen und Generatoren gehen, und das Restaurant versorgt Sie mit Speis und Trank – Ausblick auf die riesigen Rohrleitungen.

N
500 m
Kochel
a. See
Bhf
Trimini
Franz Marc-
Museum
Kochelsee
11
Altjoch
Kesselberg
straße
Walchensee-
Kraftwerk
P
Kessel-
berg
Jochberg
11
Urfeld
Walchensee

AEG

24 »Walking in the rain« an den Osterseen

Und als Alternative: zünftige Einkehr und Kunstgenüsse

■ **Adresse:**
Landgasthof Osterseen, Hotel-Restaurant-Café, Hofmark 9, 82393 Iffeldorf
■ **Kontakt:**
Tel. 08856/92 86-0, www.landgasthof-osterseen.de, Landgasthof-Osterseen@t-online.de
■ **Öffnungszeiten:**
Täglich geöffnet, Di Ruhetag
■ **Anmeldung:**
Weder für den Gasthof noch für einen Kirchenbesuch erforderlich
■ **Anfahrt:**
Mit dem Auto: 52 km ab München-Mitte; A 95 bis AS Penzberg/Iffeldorf, von dort ca. 2 km nach Iffeldorf (s. Karte).
Mit der Bahn: Ca. stündlich Verbindung München–Iffeldorf mit der Regionalbahn
■ **Karte:**
Marco Polo 1:200 000, Bayern Süd; Detailkarte des Landesamts für Vermessung und Geoinformation Bayern 1:50 000, UK 50-49 Pfaffenwinkel–Ammergauer Alpen
■ **Einkehr:**
Landgasthof Osterseen (s. oben und im Text)

Zugegeben: Unter weißblauem Himmel sind die Osterseen am schönsten. Aber auch bei Regen bietet die Gegend um Iffeldorf zahlreiche Attraktionen, wie z. B. den Gasthof Osterseen, zwei kunstgeschichtlich bedeutende Dorfkirchen und natürlich die Osterseen selbst, die unter wolkenverhangenem Himmel sehr einsam wirken und eine fast mystische Stimmung verbreiten.

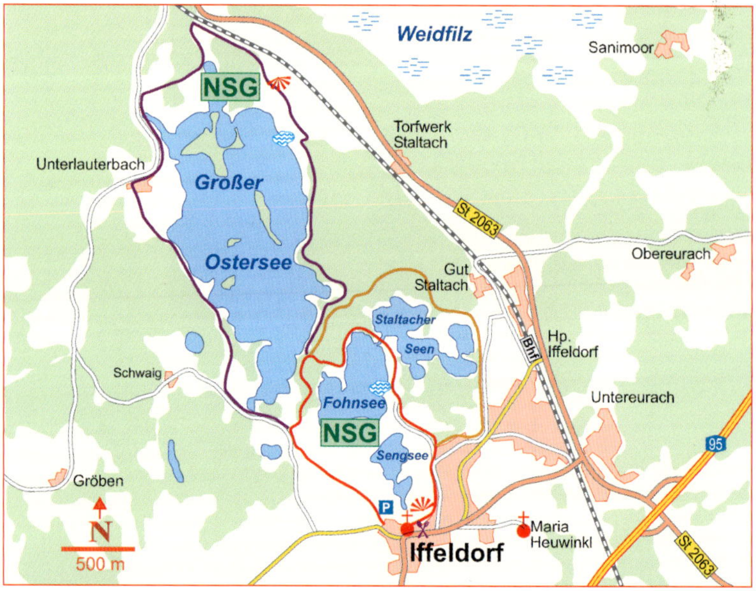

Einkehr im Landgasthof Osterseen In Hanglage am Nordrand des Iffeldorfer Ortskerns gelegen, gilt der stattliche Gasthof als eines der renommiertesten Häuser im Pfaffenwinkel. Wenngleich vor allem die große Sonnenterrasse mit Blick auf die Osterseen einer seiner Haupttrümpfe ist, bietet auch der geräumige Gastraum eine herrliche Aussicht auf die Landschaft. Viel helles Holz an Wänden und Decken vermitteln zudem bayerisches Flair, das freundliche Personal und die reichhaltige Speisekarte tragen zum Wohlbefinden bei.

Gedacht ist, zuerst zum Mittagessen einzukehren und sich eine anständige Unterlage für den späteren Marsch im Regen zu schaf-

Die Terrasse des Landgasthofs Osterseen unterm weißblauen Frühlingshimmel und mit wunderbarem Ausblick auf das Gebiet der Osterseen.

fen. Wie wäre es mit einem Putenschnitzel, gebratener Kalbsleber oder gedünstetem Zanderfilet, alles deutlich unter 20 Euro zu haben. Dreigängige Menüs beginnen bei 18 Euro und steigern sich bis zu sechs Gängen, für die dann bis zu 50 Euro zu berappen sind. Weinliebhaber können unter offenen Weiß- und Rotweinen wählen, und wer mehr anlegen möchte, findet namhafte Flaschenweine zu moderaten Preisen aus Deutschland und anderen bekannten Weinländern. Und nach dem Essen dann die Entscheidung: Wandern im Regen oder Kunstgenuss im Trockenen? Wir beschreiben beides in kurzer Form.

»Walking in the rain« Ein flotter Spaziergang im Regen soll es werden, unternommen in fester Regenkleidung und mit der Entschlossenheit, auch einmal bei widrigem Wetter hinauszugehen. Viele kennen die Osterseen nur bei strahlendem Sonnenschein, dann sind sie ein begehrtes Wanderrevier, das durch einige versteckt liegende Strandbäder noch an Anziehungskraft gewinnt. Die Zahl der Wanderwege und Badestellen ist allerdings begrenzt, denn die Osterseen sind Naturschutzgebiet. Gerühmt werden von jeher die Licht- und Farbstimmungen, die je nach Wetterlage und Tageszeit wechseln können.

An regnerischen Tagen freilich sitzt man nicht auf der Terrasse, hat aber von den Gasträumen gleichwohl Aussicht auf die Osterseen.

Werfen Sie einen letzten Blick auf Iffeldorf (o.) und den Staltacher See (u.), die sich bei Kaiserwetter wunderschön präsentieren. Bei Regen hingegen erhält die Region eine magisch-düstere Ausstrahlung.

Das ändert sich an einem verregneten Tag grundlegend. Nicht nur, dass Besucher ausbleiben und die Region von einer fast bedrückenden Einsamkeit überzogen ist. Auch die verschiedenen Graustufen, in die Seen, Wäldchen und Uferzonen getaucht sind, verleihen dem Gebiet eine fast geheimnisvolle Ausstrahlung. Wenn sich dann noch kleine Nebelschwaden über den Wasserflächen bilden, fühlt man sich an den »Erlkönig« von Goethe erinnert. Bei Regen zu wandern, ist sicher nicht jedermanns Sache, aber gerade in dieser Gegend kann man dabei ganz neue Erfahrungen sammeln.

Die Wanderroute (s. Karte) lässt sich je nach Lust und Kondition variieren. Sie können es bei einem rund vier Kilometer langen Rundgang um Seng- und Fohnsee belassen (rote Route) oder auch noch die Staltacher Seen mit einbeziehen (orange Route), was die Strecke auf fast sechs Kilometer verlängert. Ganz Mutige umwandern den Großen Ostersee: am Westufer nach Unterlauterbach und am Ostufer, dem reizvollsten Abschnitt im Osterseengebiet, dann zurück nach Iffeldorf (violette Route) – macht summa summarum gut zehn Kilometer, bei strammer Gehweise also ein Weg von rund zwei Stunden. Danach hat man sich Kaffee und Kuchen verdient, die man wiederum im Landgasthof Osterseen genießen kann.

Kunstgenüsse in Iffeldorf Sowohl die St.-Vitus-Kirche als auch die Wallfahrtskapelle Heuwinkl in Iffeldorf sind Werke von Künstlern der Wessobrunner Schule. Die Pfarrkirche, einst gotischer Bau, wurde 1698 von Caspar Feichtmayr barock umgestaltet. Aus der reichen Innenausstattung von 1755 ragen der Rocaille-Stuck von Franz Xaver Schmuzer und die Deckengemälde von Johann Jakob Zeiller, er allerdings ein Tiroler Maler, hervor. Schon von Weitem zu sehen ist der kleine Rundbau der Heuwinklkapelle. Sie wurde 1698 von Johann Schmuzer errichtet und ihre ursprüngliche Ausstattung gegen Ende des 18. Jahrhunderts erneuert. Blickfang sind einige besonders schöne Holzfiguren, wie die Marienstatue auf der Mondsichel als Gnadenbild im Hochaltar und weitere Skulpturen an der Chorwand und am nördlichen Seitenaltar. Auffallend auch zwei große Votivtafeln mit Prozessionsdarstellungen und vor allem das sogenannte »Chörlein«, eine höfisch-elegante kleine Empore vom Wessobrunner Franz Edmund Doll mit nobler Stuckdekoration und einem Ziergitterwerk. Sie kann auch als Kanzel genutzt werden.

Links: Der Rundbau der Wallfahrtskapelle Heuwinkel mit seinem charakteristisch roten Kuppeldach auf einem Hügel nahe Iffeldorf.

Rechts: Auf dem Hochaltar thront das Gnadenbild der Wallfahrtskapelle, eine gotische Muttergottes mit Kind.

25 Mit dem Speedkart auf Schumis Spuren

Formel-1-Luft schnuppern und Kurvenhatz genießen

■ **Adresse:**
Speed Indoorkart Sportcenter, Graf-Zeppelin-Str. 20, 86899 Landsberg/Lech
■ **Kontakt:**
Tel. 08191/9267-0, www.speed-landsberg.com, info@speed-landsberg.com
Öffnungszeiten:
Mo–Fr 14–23, Sa/So/Ferien 10–24 Uhr
■ **Anmeldung:**
Nur bei Reservierung eines Karts notwendig
■ **Anfahrt:**
Mit dem Auto: 60 km ab München-Mitte; A 96 bis AS Landsberg-Nord, von dort auf der B 17 ca. 1 km nach Norden, dann links ins Industriegebiet (s. Karte).
Mit der Bahn: München–Landsberg in kurzen Abständen, dann ca. 5 km bis zum Sportcenter (Bus 30 ab ZOB oder Taxi)
■ **Karte:**
Marco Polo 1:200 000, Bayern Süd
■ **Einkehr:**
Im Indoorkart Sportcenter: Bistro (geöffnet wie Sportcenter selbst). In Landsberg: Gasthof zum Mohren mit Biergarten

In Landsberg können Sie Formel-1-Luft schnuppern: Schnelle Karts, eine griffige Bahn und feine Haarnadelkurven sind der Stoff, aus dem Rennfahrerträume entstehen. Testen Sie auf einer Proberunde, ob Sie als Nachfolger von Schumi geeignet sind.

Technische Daten Eine riesige Halle überwölbt die 400 Meter lange Strecke, die mit Rennasphalt verlegt ist und neben kurzen geraden Abschnitten auch kitzlige Stellen aufweist, wie eine Brücke und Steil- bzw. Haarnadelkurven. Die gesamte Strecke ist mit stabilen Banden und Autoreifen abgesichert. Zeitmonitore an der Strecke geben Auskunft über Rundenzeiten. Eine Belüftungsanlage saugt die schädlichen Gase ab und sorgt für ständigen Luftaustausch.

Gefahren werden 6,5 PS-starke Rimo-Karts. Sie besitzen Sicherheitsgurte und Überrollbügel und werden von benzolfreiem Kraftstoff angetrieben. Ein Rundumschutz aus Stahl sorgt für zusätzliche Abschirmung bei kleinen Remplern. Absolute Sicherheit freilich ist nicht zu gewährleisten, doch scheint das Sicherheits-

Wie bei einem richtigen Rennen kurven kleine und große Piloten durch die Strecke, geben Gas, überholen oder bremsen ab. Schon das Zuschauen macht Spaß.

konzept der Anlage auf bestmöglichem Niveau zu stehen. Vom Aufsichtspersonal wird der Betrieb jedenfalls streng überwacht. Mit moderner Technik sind nicht nur die großen, sondern auch die Kinderkarts ausgestattet. Das heißt, es kann auch von außen der Motor gedrosselt und die Fahrt gebremst werden. Die 200-ccm-Viertaktmotoren stammen von Honda und erlauben eine Durchschnittsgeschwindigkeit von 40 km/h. Wenn man allerdings sieht, mit welchem Höllentempo schon zehnjährige Buben über die Bahn jagen, wirkt das alles viel schneller …

Noch stehen die kleinen Rennfahrer unter dem skeptischen Blick der Eltern in Startposition …

… und schon jagen sie im Bild rechts über die Piste, wobei die Nr. 20 offensichtlich gewillt ist, das Rennen für sich zu entscheiden.

Ein spontanes Abenteuer Wer sich innerhalb der Öffnungszeiten zu einem Spontanbesuch in Landsberg entschließt, muss wissen, dass er möglicherweise nicht fahren kann, sei es, weil die Bahn belegt ist oder alle Karts vermietet sind. Deshalb ist es auf jeden Fall ratsam, vorher anzurufen, den Besuch anzukündigen und gegebenenfalls ein Kart zu bestellen. Die günstigsten Zeiten für einen Besuch sind im Übrigen der Sonntagnachmittag und an Werktagen gleich nach Öffnung. Hat man schließlich ein Kart ergattert, erhält man einen Helm und eine Einweisung – dann kann's losgehen!

Eine Einzelfahrt dauert zehn Minuten und kostet für Erwachsene 11,50 Euro, für Kinder 9,50 Euro (Stand Februar 2010). In den Ferien gibt es am Dienstag eine Happy-Hour von 10–17 Uhr (zwei mal fahren, einmal bezahlen) und am Freitag einen Familientag, ebenfalls mit Vergünstigungen.

Sollten Ihre Kids vor Begeisterung außer Rand und Band sein, können Sie sie in eine Kids-Club-Fahrschule (8–14 Jahre) schicken. Der Kurs dauert vier Stunden und vermittelt neben Sicherheitsbestimmungen den sicheren Umgang mit den Karts.

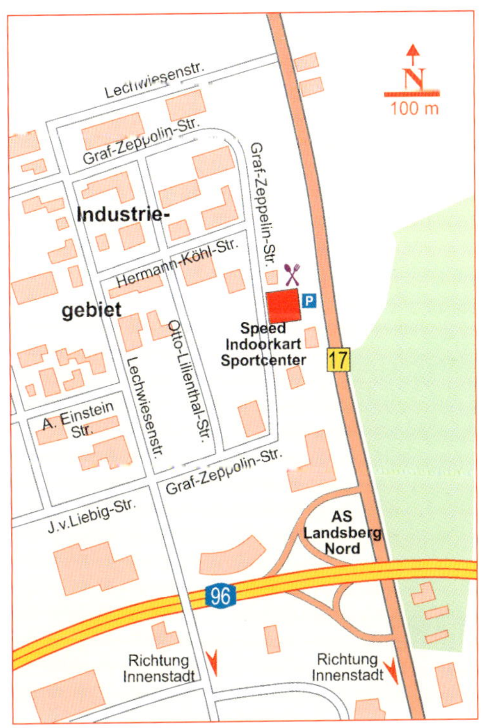

Immer einen Besuch wert: Die Sammlung Brandhorst in München

Orts- und Sachregister

Impressum

Unser komplettes Programm:
www.j-berg-verlag.de

Produktmanagement: Kerstin Thiele
Lektorat: Anette Späth, Breisach
Layout: grafikatelier-luk, Eva-Maria Klaffenböck, München
Kartografie: Armin Scheider, Taufkirchen
Repro: Cromica s.a.s., Verona
Herstellung: Thomas Fischer
Printed in Italy by Printer Trento S.r.l.

Alle Angaben dieses Werkes wurden vom Autor sorgfältig recherchiert und auf den aktuellen Stand gebracht sowie vom Verlag geprüft. Für die Richtigkeit der Angaben kann jedoch keine Haftung übernommen werden.
Für Hinweise und Anregungen sind wir jederzeit dankbar.
Bitte richten Sie diese an:
J. Berg Verlag in der Bruckmann Verlag GmbH
Postfach 400209
D-80702 München
E-Mail: lektorat@bruckmann.de

Bildnachweis: Alle Fotos vom Autor mit Ausnahme folgender Aufnahmen:
S. 14 und S. 15 oben und unten rechts SEA LIFE; S. 20 und S. 21 unten Marionettentheater; S. 26 und S. 27 alle Body & Soul; S. 30–33 alle Fotos Allianz Arena München; S. 7 oben sowie S. 39 oben und unten, S. 41 oben und unten Bayerisches Nationalmuseum München, Foto © Bayerisches Nationalmuseum, Walter Haberland; S. 44–47 alle Fotos Audi AG Ingolstadt; S. 54–57 alle Fotos Flughafen München GmbH; S. 60–63 alle Fotos THERME ERDING GmbH; S. 70 Pressefotos, homepage www.steiner-burg.de; S. 72–73 Lokschuppen Rosenheim; S. 76 und 77 oben Wasmeier Museum.

Umschlagvorderseite: Picture Alliance/dpa
Umschlagrückseite: Karlstor/Stachus München

Die Deutsche Nationalbibliothek verzeichnet diese Publikation in der Deutschen Nationalbibliografie; detaillierte bibliografische Daten sind im Internet über http://dnb.d-nb.de abrufbar.

ISBN 978-38246-001-4